交界译丛

乌托邦的
观念史

Utopia
The History of an Idea

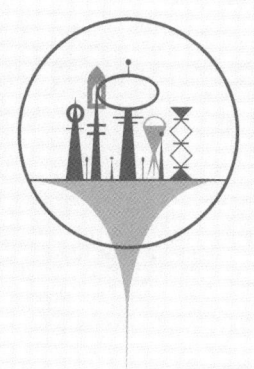

〔英〕格雷戈里·克雷斯 著

张绪强 译

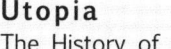

Gregory Claeys

UTOPIA: The History of an Idea

Published by arrangement with Thames and Hudson Ltd, London

Utopia: The History of an Idea © 2011 and 2020 Thames & Hudson Ltd, London

Text © 2011 and 2020 Gregory Claeys

This edition first published in China in 2023 by The Commercial Press/Hanfenlou Culture Co., Ltd, Beijing

Chinese edition © 2023 The Commercial Press/Hanfenlou Cuture Co., Ltd

中文版译自泰晤士与哈德逊出版社2020年版

涵芬楼文化 出品

图1 亚当和夏娃的创造、受诱惑、被逐出伊甸园和劳动的使命，奥斯曼《圣经》中插图（16世纪）。

图2　上帝祝福新造的夏娃，将其介绍给亚当：耶罗尼米斯·博斯三联画《尘世的快乐花园》的左边部分（1503—1504年）。

图3 《黄金时代的爱情》(约1585—1589年),由荷兰艺术家保罗·费亚明戈所作,描绘了黄金时代田园神话题材中的性爱内容。

图4 最著名的人类愚蠢的象征《巴别塔》,由卢卡斯·凡·瓦尔肯伯尔奇所作(1594年),展现了人类讲共同的语言,建造了一座通往天堂的塔。随之而来的是神的惩罚,人类被驱散,并被强加各种语言的"巴别"。

图5 乔托的壁画《最后的审判》的细节（1304—1305年）。左边的选民将进入天堂；对面，被定罪者被判入地狱。

图6 《涅槃中的佛陀》，西藏（18世纪）。涅槃被描述为超越轮回和人类欲望的"最高幸福"。

图7　先知穆罕默德在天使加百利带领下骑着布拉克（Buraq）升天。《尼扎米的五卷诗》中的小型画作（大不里士，约1540年）。

图8 安布罗乔·洛伦泽蒂的作品《好政府与坏政府的寓言》(14世纪)。壁画展示了美德,信仰、希望和慈善,一切都环绕着好的政府。

图9 塔迪奥·狄·巴特罗的蛋彩画作品,表现的是4世纪主教圣吉米尼亚诺手持其同名城市模型(约1391年)。

图10 库斯科,摘自弗朗茨·霍根伯格的《世界城市图》(1572年)。这幅罕见的描绘"太阳城"的画作展现了国王在前面被人抬着,以及西班牙征服时期的城市、宫殿和神庙中心。

图11　马可·波罗1271年从威尼斯起航，15世纪彩绘手稿（局部）。

12　托马斯·莫尔《乌托邦》的手绘木刻版扉页（1516年）。这是乌托邦主义形象中最具代表性的一幅，描绘了莫尔书中所描述的岛屿，代表了与世隔绝和良好秩序之间的平衡。

图13　1505年的一幅德国木刻画,描绘了新世界食人者在烤制人体器官。食人是征服者的正当权利。

图14　《英国人抵达弗吉尼亚》,特奥多雷·德·布里雕刻(1588年)。靠近海岸的五艘沉船凸显了旅途的危险。

图15 1789年7月14日,巴士底狱被攻占,标志着法国大革命的开始。《攻占巴士底狱》,佚名艺术家(18世纪末)。

图16 《自由、平等、博爱》(1795年)。与以往不同的是,英国激进分子威廉·霍奇森声称妇女和被奴役者也享有这些权利。

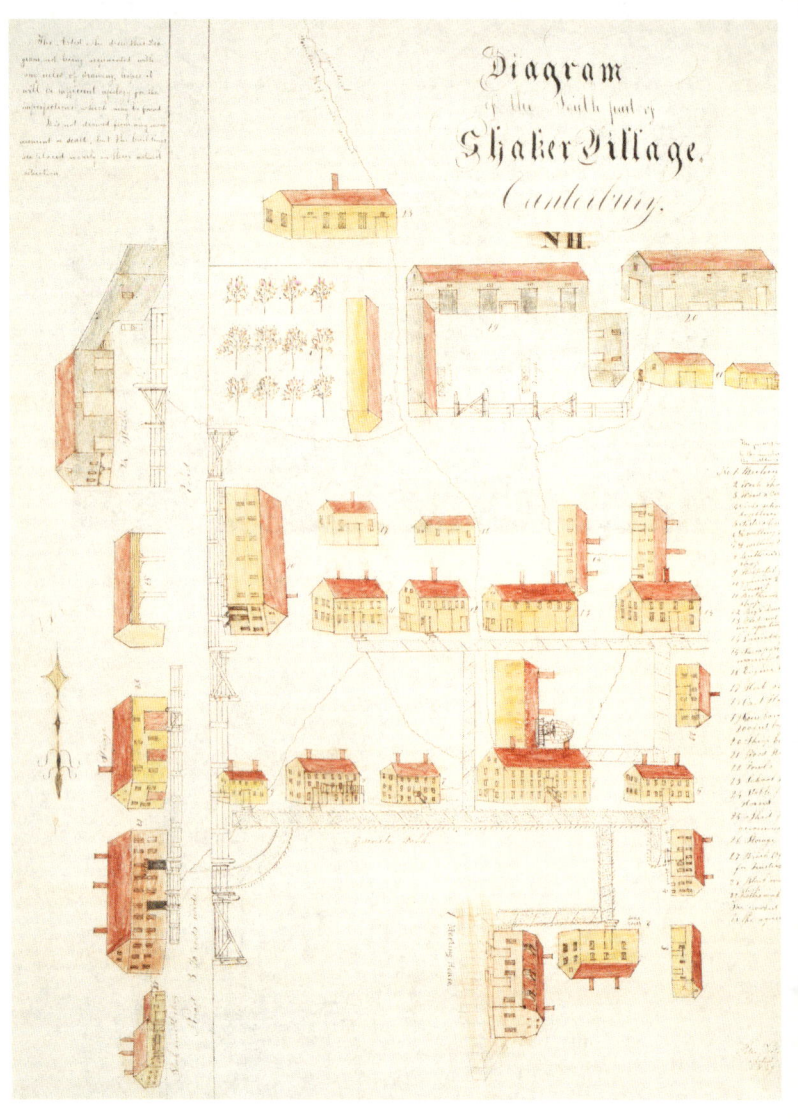

图17 一个理想的"新教修道院":《新罕布什尔州坎特伯雷市夏克尔镇南部示意图》,彼得·福斯特(1849年)。

图18 欧文的社区模型,由建筑师斯特德曼·惠特韦尔于1830年设计,计划建在印第安纳州的新哈莫尼市。然而,现实只能在宏伟的计划面前低头:社区只能购买一组来自德国敬虔派的农舍。

图19 《宾夕法尼亚州》,凯瑟琳·米尔豪斯(1894年)。这幅海报宣传的是兰开斯特县,描绘了一户阿米什人的家庭。

图20　纽约明信片（约1913年）。第一座摩天大楼是塔楼，共十层，高129英尺（约40米）。到1913年，又建起了一千多座，其中伍尔沃斯大厦高达790英尺（约240米）。

图21　欧文·皮切尔的电影《登陆月球》的剧照（1950年）。

图22　《太空神奇故事》，一本早期的科幻杂志（纽约，1929年11月），封面由弗兰克·R.保罗设计。

图23 孟加拉国,2009年5月。21世纪越来越多的自然灾害与全球变暖及其相关影响有关。

中译本序

　　1888年，美国作家爱德华·贝拉米的《回顾：公元2000—1887年》出版。小说描写了波士顿一位年轻人时常感到自己卑微而渺小，像"一个富翁住在贫民区里，一个知识分子住在那些没有文化的人们之中，就仿佛孤零零地住在多疑善妒的异族当中一样"。敏感的心理使他患上了失眠症，在一位催眠师的帮助下，他戏剧性地睡过了113年。醒来后，他发现自己仿佛到了一个新世界，那里科技产品几乎占据了人们生活的所有空间：汽车可以像飞机一样在空中行驶；自动化的街道顶棚会在下雨时自动打开；电话一按就有古典音乐出来，管风琴、小提琴，各种音乐随便选择。《回顾》的作者试图为读者构建一个理想的未来，带领人们从百余年后的2000年回头审视1887年那个现实中的波士顿。这部小说也开启了现代乌托邦文学的第一波创作热潮，此后，乌托邦主题成为科幻小说和科幻电影一个重要的组成部分。

然而，《回顾》中所呈现的2000年的社会景象并不是乌托邦的终点，随着科技的进步，计算机、人工智能、基因工程以及核能源等长足发展，乌托邦理想也会有新的目标。人们在分享科技进步带来的便利的同时，也要承受科技发展所带来的负面影响。智能手机的使用让我们的日常生活便捷化，同时也带来了更多的孤独感。人与智能电子产品联系越来越紧密，以至于人际关系被忽视，每个人就像一座孤岛。核能的利用带给人类天翻地覆的变化，但它带给我们的灾难也是令人痛心疾首的。2011年，日本福岛核电站在地震和海啸中发生核泄漏，超过47万人被迫离开家园，我们的生活至今仍受到威胁。摆脱残酷的现实，追求理想之地，无论在过去还是在未来，都是人类生活的一个方面。《乌托邦的观念史》一书所关注的就是乌托邦思想的形成和发展去向，诚如最新版的前言所言，"我们应该在2020年思考一种新型的、更加清醒的乌托邦类型"。对生活于21世纪的人们而言，乌托邦理想"将是对本世纪灾难的一种回应"。

"乌托邦"（Utopia）一词来自古希腊语 οὐ + τοπία，意为"乌有之地"。1516年，托马斯·莫尔的《乌托邦》出版，赋予了"乌托邦"一种理想社会的意涵。15世纪末16世纪初，欧洲社会从封建主义生产方式向资本主义生产方式转型，此时的欧洲正值文艺复兴和地理大发现时期，社会变化一日千里。这些因素加在一起，为乌托邦思潮提供了条件，文艺复兴运动中人的自由意志的表达与人们对乌托邦的追求相契合，欧陆之外的异域探险成为乌托邦发生的理想选址。现实不如意，就要在内心构建一种美好愿景，近代早期的乌托邦思想便是这种心理冲动的反映。本书的作者，伦敦大学皇家霍洛威学院政治思想史学家格雷戈里·克雷斯（Gregory Claeys）研究乌托邦观念史二十余年。对于乌托邦观念的起源，他的研究可谓独树一帜。他不再停留在从近代的文艺复兴和地理大发现中去寻找解释，而是将研究视野投向古代世界，认为"乌托邦概念植根于原始而富足、具有社会平等特点的黄金时代，古典思想、柏拉图式理想政体概念、基督教的天堂和伊甸园形象都是其重要的思想源泉"。

克雷斯认为，"黄金时代"是乌托邦思想的来源之一。根据《荷马史诗》、赫西奥德、柏拉图的记载，克雷斯还原了希腊人对于黄金时代的认识。特洛伊战前一千年，希腊大地上出现了最早的人，那些人是用金子做成的，由克洛诺斯神统治，因此这一时期被希腊人称为黄金时代。黄金时代人们生活富足，无忧无虑，不像后来的白银时代，充满战争和邪恶。古代希腊人为了对纯洁、和谐、充满美德的黄金时代表达怀念，描绘出各种理想的社会。对黄金时代的怀念，就像人们怀念自己的青春一样，一方面是对曾经的美好表示不舍，另一方面又是对现实不满足的表现。克雷斯将希腊人对黄金时代的描写看作是一种寻求群体安全的做法，如果美好的地方在现实中不存在，就要在理想中构建一处。同一种传统下，罗马人受希腊人影响，也将黄金时代引入作品之中，"卡图鲁斯、贺拉斯、塞涅卡和奥维德等人共同构建了罗马版的黄金时代"。

对待乌托邦思想与基督教关系方面，以往的研究多强调人性从宗教束缚中被解放是乌托邦思想的基础，而忽视了基督教本身也孕育了乌托邦观念。研究乌托邦观念的前辈学者库马尔认为中世纪宗教世界观的衰落是"乌托邦出现的一个必要条件"[1]，而克雷斯在本书中却认为人类最初的

---

[1] Krishan Kumar, *Utopianism*, Minneapolis: University of Minnesota Press, 1991.

诞生地"伊甸园"和"来世观念"也是近代乌托邦思想的重要来源。这一点是克雷斯在乌托邦观念研究中的创新之处，他尝试对乌托邦观念与基督教关系重新做出解释。

按照传统观点，乌托邦思想并不是普遍存在的，它只出现在具有古典主义和基督教传统的西方。针对一点，此书也有创新。克雷斯尝试在苏美尔的《吉尔伽美什史诗》、古埃及的《亡灵书》、10世纪阿拉伯哲学家阿布·纳斯尔·阿尔法拉比的作品、印度史诗《摩诃婆罗多》等文学作品中发现乌托邦元素。对于中国，克雷斯认为《论语》构建了一个和谐的社会。孟子继续完善儒家理想，设计出"仁政政府"。他认为老子也有关于理想过去的阐述。直至近代早期，儒、释、道三教的融合推动中国乌托邦小说的产生，如陶渊明的《桃花源记》、王维的《桃源行》、王安石的《桃源行》、李汝珍的《镜花缘》。在作者观念中，"许多前现代社会已经占有许多乌托邦元素"，"乌托邦无疑可以被视为一种全球性的构想"。

近代乌托邦思想传入我国是伴随着传教士的传教活动进行的，其中最早的是李提摩太将前文所提美国作家贝拉米的《回顾》节译到中国。当时正值维新运动前夕，在接触到传入我国的乌托邦描述后，维新派主要代表不约而同地认为这种乌托邦理想与中国典籍中所谓的"大同社会"相类似。谭嗣同读后认为："千里万里，一家一人，视其家，逆旅也；视其人，同胞也……殆仿佛《礼运》大同之象焉。"康有为在万木草堂讲学时直言不讳地说："美国人所著《百年一觉》书，是大同影子。"甚至，康有为还模仿贝拉米写成《大同书》。维新派另一位代表梁启超曾在《回顾》一书的最早译者李提摩太所创办的上海基督教青年会做秘书，将贝拉米这部乌托邦小说列入《西学书目表》，向中国士大夫推荐。梁启超在《读西学书法》中评价《回顾》道："悬揣地球百年以后之情形，颇有与《礼运》大同之义相合者，可谓奇文矣。"梁启超受贝拉米影响之深也体现在他后来撰写的《新中国未来记》中，"未来记"开篇庆祝1962年上海博览会，所用写作手法与《回顾》对新世纪的联想如出一辙。主张改革的晚清维新派对乌托邦理想社会大加赞赏，并将其用作改良中国社会的工具。

乌托邦观念在我国广受欢迎是伴随着共产主义思想的传入开始的。在《共产党宣言》中，马克思、恩格斯设计了一个高度集中的经济管理制度，对信贷业、运输业以及生产方式逐步实现国家管理，并在公有制基础上实现分配。对理想社会的构想，马克思1845年也有一个著名描述：理想人类的生活是这样的，上午打猎，下午捕鱼，傍晚从事畜牧养牛，晚饭后进行思考和批判，不为任何狭隘的活动所限制。资本主义商业体系中财富集中于少数人手中，贫富分化严重，马克思在批判的基础上把乌托邦理想应用到最广泛的人群中去，为政治问题的解决提供了一种方案。

对于乌托邦的未来，克雷斯的担忧也是明显的。21世纪初，人们对乌托邦理想的热情开始被反乌托邦的恐惧超越。人们开始注意到乌托邦理想是对人类自私本性的挑战，认为它的实现需要奇迹的发生。然而，不得不承认，乌托邦观念已参与到近代社会的历史发展进程中。

张绪强

目 录

前　言　　　　　　　　　　　　　　　1

引言　寻找乌托邦　　　　　　　　13
第一章　古典时代　　　　　　　　27
第二章　基督教原型　　　　　　　41
第三章　欧洲以外的理想社会愿景　59
第四章　一个被定义的流派　　　　79
第五章　天堂的发现？　　　　　　95
第六章　笛福与斯威夫特的时代　　117
第七章　革命与启蒙运动　　　　　135
第八章　理想中的城市　　　　　　151
第九章　作为社区的乌托邦　　　　173
第十章　第二个革命时代　　　　　191
第十一章　发明的进程　　　　　　201
第十二章　科幻小说的兴起　　　　219

第十三章　反乌托邦的多样性　　　　235
第十四章　乌托邦、科幻小说和电影　　247
结论　失乐园？　　　　　　　　　　　261

注　释　　　　　　　　　　　　　　　283
参考文献　　　　　　　　　　　　　　295
图片来源　　　　　　　　　　　　　　307
人名对照表　　　　　　　　　　　　　309

前　言

通过众多叙述，我们已经对乌托邦概念有了一个基本的了解。乌托邦概念植根于原始而富足的、具有社会平等特点的黄金时代，古典思想、柏拉图式理想政体的概念、基督教的天堂和伊甸园形象都是其重要的思想源泉。随着1516年托马斯·莫尔的名著《乌托邦》的出版，乌托邦概念也变得清晰起来。乌托邦的定义通常与拥有共同财产、通过各种措施减少经济方面的不平等等特征联系起来。最初，乌托邦被设想为一种稳定的、具有高尚品德的组织形式，通常是一个理想的共和国；18世纪后，则更多地被想象成一个逐步改善的未来。1789年法国大革命后的两个世纪中，乌托邦是以社会主义或共产主义为主要形式出现的，最初的倡导者是罗伯特·欧文、查尔斯·傅立叶和亨利·德·圣西门，后来便是卡尔·马克思及其追随者。爱德华·贝拉米的《回顾》（1888年）出版后，现代乌托邦文学的第一波热潮爆发。此后，乌托邦批评者开始注意到乌托邦文学的弊端，认为它的发展弊大于利，因为这是对人类本性的挑战，更多地依赖于奇迹的发生和不可能的改善方式。反乌托邦流派的出现即是在表达这种忧虑。

进入20世纪，乌托邦和反乌托邦两个概念以复杂的形式交织在一起。在这一阶段的大部分时间里，美国和苏联是作为人类进步的两个灯塔出现的。二者各自为乌托邦提供了不同形式的变种，第一个是以自由为核心，第二个则更多地主张平等，它们都依赖于科学和技术的进步来兑现各自的承诺。大国冲突几乎定义了整个这一时代。世界大战后随之而来的便是灾难性的经济萧条，而后是另一场世界大战、核武器的发明和使用，以及极权主义在这几十年里的扩散，总共让大约一亿人失去性命。继其之后，一段漫长的停顿开启，一种充满活力的进步感也相伴而生，这主要得益于在此期间的非殖民化、全球经济增长以及种族和宗教等方面的宽容，当然更受益于一系列的"解放"运动。无限的繁荣、多样性的接受与促进、性别与种族的平等、全人类的和平等理想似乎都可以在未来变成现实。随后，多种变动和困难又接踵而来。

自由主义的必胜信念被证明是短暂的。西方国家的鼎盛期过后进入了一段漫长的衰退期，以全球化为标志，数百万工作岗位被转移到亚洲以及其他劳动力低廉的经济体。工会减少，工作条件恶化，养老金和工资停滞不前甚至下降。里根主义和撒切尔主义开始后的30年，获胜的新自由资本主义在其日益不平等的世界观中根除、摒弃了各类平等主义的竞争者。2008年全球经济危机后，不平等达到新的顶峰，截至2019年，世界上最富有的26人所占有的财富相当于世界人口50%的穷人所持有的财富。某种程度上，这是一个资本主义的乌托邦——不是亚当·斯密所构建的共享繁荣的愿望，财富的极端集中颠覆了市场、政府、媒体和教育体系，只能为极为富裕的少数人服务。焦虑感普遍存在并开始蔓延，最终，中产阶级也感受到不确定，他们过度工作，生活前景却日益黯淡。因此，21世纪初，人们对乌托邦概念的热情开始被对于反乌托邦的恐惧所超越，这是人类历史上的首次。第二次世界大战后，文学反乌托邦开始专注于各种各样的威胁，其中一些威胁是上个世纪上半叶遗留下来的，比如极权主义，以监视设备、计算机、人工智能、核武器等形式出现的技术传播，当然还包括新兴的基因工程等。这样，乌托邦仍然是文明进步的一个概念基准，只不过实现的可能性越来越小了。

然后，隐现的环境灾难便降临了，对于人类来说，今天的环境灾害威胁较以前更为明显。苏联解体以后的自然灾害威胁尤为突出，但这在1986年切尔诺贝利核反应堆危机时已经播下种子，20世纪80年代的酸雨致使森林大面积死亡，蕾切尔·卡森的《寂静的春天》也保留了大量有关农药危害生态系统的描写（1962年）。关注环境变化的两个短语"全球变暖"和"气候变化"在20世纪90年代末出现。1992年、1997年分别在里约热内卢和京都召开了气候会议，其他国际会议也纷纷召开，并于2015年最终达成《巴黎协定》，规定了名义上的、基本上没有约束力的碳排放目标。

这一时期讨论的目标是在保证舒适的情况下守住全球变暖的限度：较工业化之前，最高高出2℃。人们大多相信，只要政府采取足够的减排措施，他们的生活或多或少还能照常进行。2015年前后，人们开始迫切地认识到，20

世纪90年代和21世纪初的恶劣情况很有可能会再次发生：全球气温将会最早于2050年上升4℃或者更多，即便只是上升2℃，对自然环境和人类生命所造成的伤害也可能是灾难性的。2018年，21世纪的首次物种灭绝将会成为现实，这引发了人们广泛的恐慌。气候变暖导致极地和冰川陆续消失。正如大卫·华莱士-威尔斯最近强调的，我们已经来到全新世，也就是第六次大规模物种灭绝的时期。过去70年中，我们已经失去了地球上大约70%的生物物种，我们现在所面临的是极地冰川融化；大面积的森林砍伐和沙漠化；严重的水资源不足；本世纪末，海平面将上升80米；而后是为了获取或守住一个可居住的栖息地而进行的大规模血腥争夺，可能会使用核武器。在这种严峻的情况下，新的煤矿仍在开采，巴西热带雨林砍伐加速进行，全球碳排放量继续增加。气候"峰值"温度突然升高10℃的可能性并非不存在，发生这一情况的原因极可能是甲烷排放过量。与20世纪极权主义的反乌托邦威胁比较，尽管极权主义已经构成了很大的麻烦，我们现在所面临的情况更加令人不安。

在这样的情形下，乌托邦思想努力地发挥着它的作用。以"1968年事件"和反主流文化的兴起为标志，西欧、北美和世界其他地区最后一次集体乌托邦情绪大爆发，如今已然成为遥远的记忆。在唐纳德·特朗普领导下，美国这个两百年来提供了数百万移民机会的灯塔，其影响力和受尊重程度正在大幅下滑。即使欧盟——战后问题解决方案最典型的成果——也在受到右翼极端主义和民族主义的威胁。20世纪，马克思主义有了某种程度的复兴，重新发现的青年马克思主义的异化理论推动了那次振兴，当时，像赫伯特·马尔库塞这样的作家吸引了全球的知识分子。

因此，我们应该在2020年思考一种新型的、更加清醒的乌托邦类型。嬉皮公社（大部分）已然成为过去。呼吁摆脱资产阶级道德束缚的"解放"呼声已经一去不复返。尽管传统主义者在反对，但是基于权利和身份而发起的运动却在逐渐增多。20世纪那些伟大的社会理论，对所有人宽容的社会自由主义理想，以及实现对被压迫和被剥削的人的解放已不是他们思想的主要来源。有人依据恩斯特·布洛赫著名的"希望的原理"，将乌托邦定义为一种内在的、要求改善的心理冲动。但是大多数情况下的乌托邦，这个再次出现在成千上万人嘴边的词，将是对本世纪灾难的一种回应，而不是对过去理想的复兴。毫无疑问，我们将在未来的几十年时间里见证怀旧的浪潮，过去将被看得比现在和未来更加珍贵。作为判断人类进步的道德基准，乌托邦这一概念仍然是有效的，而针对其失败所发出的抗议呼声也会不断涌现。

那么，乌托邦现在意味着什么呢？过去十年中，乌托邦概念有两种主要的形式。一方面，一个古老的承诺有望实现，如马克思所指出的，最终机器将会减轻穷人的劳动负担，到本世纪末，70%的工作将实现机械化。与此同时，有人呼吁将工作时间减少，从每周四天减到更少，引入一种可以保证全民基本收入（UBI）的形式，这种形式最近在鲁特格尔·布雷格曼的畅销书《现实主义者的乌托邦》（2017年）中流行起来。另一方面，也有一些旨在解决气候危机和环境灾难的直接行动组织，他们会将问题直接摆在不情愿的公众面前。自2018年以来，这个被称为"反对灭绝"的组织开展了广泛的和平抗议活动，抗议政府在应对气候危机上的不作为；与此同时，瑞典活动家格蕾塔·通贝里发起了校园气候罢工，并在此后的一系列公众集会中和政策制定者面前发表演讲,呼吁大幅减少碳排放。

"反对灭绝"组织与传统的环保人士只是进行了有限的合作。然而,这一组织却有一种独特的优势,可以认识到未来环境灾难的症结是环境与社会主导范式和现代政治思想的急剧断裂。自由主义和马克思主义都致力于构建一种人口、生产、分配和消费无限增长的进步理想。二者都认同一种不断扩大和无限需求的理想,以及由此延伸而来的消费主义。不过,也有一些少见的观念干扰着这一理想进程——19世纪自由主义者约翰·斯图尔特·密尔提出静止状态的概念,设想在停滞期,人类将致力于改善生活质量。这是由当时最著名的乌托邦作家威廉·莫里斯阐述的,他的《乌有乡消息》(1890年)至今仍是这一主题最为重要的著作。"反对灭绝"组织还警告说,恐惧、焦虑甚至恐慌而不是布洛赫所主张的,"希望"才应是我们对当前所处困境的最恰当回应。然而,他们的这一警告却为数百万人重新燃起希望提供了帮助,对政府和企业不作为的绝望已被积极行动的愿望取代。

可持续的乌托邦毫无疑问是当前人们应对所有不可避

免的灾难的唯一出路。显而易见,严厉打击现代消费主义已成为一项艰巨的任务。然而,降低肉类消费数量,减少全球旅游、电子产品以及其他很多方面的消费,尤其对全球中产阶级(占世界人口的15%,他们是碳排放的最大贡献者)而言,也将是极为困难的。习惯一旦养成便会根深蒂固,尤其是战后美国模式主导的炫耀性消费理念已变得极为普遍。我们一直在对新奇、创新、加快速度和提高效率充满期待。我们已变得十分傲慢,自信足以统治世界,能够开发整个自然界。我们中的大部分人已经进化成适应城市生活快节奏的物种。比起传统的身份标志,我们更多的是在用所拥有的外在的东西来定义自己。我们购买的很多商品,尤其是食物和衣服,被大量浪费。所有这些都表明,生活商品化已经难以逃避,还有一种巨大的宣传机器一直说服我们,当下就是我们所能过的最好生活。但是,真要逃离这种生活也无须再回到草屋或洞穴。现在的我们毫无疑问是城市生物,所以未来的乌托邦也必须是城市化的。如果我们专注于那些可以改善生活的科学和技术进步,我们就可以继续培育可持续发展的部分。我们目前广泛关注的绿色新政(Green New Deal)就包括科技创新,借此可以尽快实现向可再生能源的全面转型。全球约87%的二氧化碳排放来自化石燃料的使用：天然气、煤炭和石油。预计到2020年代末，将这一数字降至接近于零并非不能实现。对河流的大规模修复和恢复、海洋污染物的清除，花费是昂贵的。但是我们别无选择：20年后，我们将主要食用人造肉，所购食物可以保存更久，当我们无法使用广泛扩展的公共交通网络时，便可以选择乘坐电动或混合动力的飞机，也可以驾驶电动汽车出行。

这项任务虽然不是不可能，但会很困难。这必须是可能的，如果不迅速修正我们的生活方式，我们将无法持续生活在地球上。本书所呈现的乌托邦历史充满了克制、简朴的例子，以及植根于吁求更广泛的社会平等与自然和谐的社区理念。现代社会伊始，乌托邦主义者便对奢侈品抱持怀疑的态度，即使不是完全禁绝，与占据更多额外劳动力来生产或进口奢侈消费品相比，他们对自由时间更加钟情。这一传统提示我们，日常生活的商品化是很晚近的事情了，从18世纪才开始。这也在强调一个显而易见的事实：适合人类发展的最好环境是有丰富社交的地方，而非有雄厚物质积累的地方，那些社会关系相对平等的地方——芬兰、丹麦、挪威和瑞士经常高居"世界幸福"排行榜首,而更多的个人主义社会,如英国和美国则远在其后。这些现象揭示的恰恰是,社交可以成为人们从消费中获得所谓的幸福的一种高级替代品。因此,我们必须释放和发展所有可在未来培养的社交资源,以此弥补未来几十年膨胀的物质需求无法得到完全满足所带来的巨大失落感。那么,未来的乌托邦将会与书中所描写的历史有不少共同之处。在对过去的一些元素,以及许多新事物的探寻中,我们也许仍能确保我们的生存。

格雷戈里·克雷斯
2019年6月于伦敦

引言　寻找乌托邦

每一个时代的乌托邦概念都是理想的现在、理想的过去和理想的未来以及三者关系的某种变体。所有这些都可能是虚构的或想象的，或许在历史上有一些实际的基础。史前乌托邦主要指宗教信仰，包括创世神话和未来的来世，但也可能包含一个推测性的历史维度，如《吉尔伽美什史诗》(约前2000年)中首次描述的包罗万象的洪水。在西方传统中，希腊的"古人"是埃及人；他们的现世的理想化的自我呈现，或多或少集中体现在城邦或城邦生活中；他们的未来，他们的来世，部分地被描绘在荷马《奥德赛》(约前9世纪)的"至福乐土"图像中。罗马人的过去主要是希腊人的，部分是埃及人的，但也包括各种原始

"黄金时代"或"阿卡狄亚"的神话；他们的未来，正如维吉尔的《埃涅阿斯纪》（前19年）中所描述的，是一种改良版的极乐世界理想，少数有道德的人都被接纳了。对中世纪的基督徒来说，《创世记》揭示了一个世界，亚当和夏娃在被驱逐之前居住在一个田园式的伊甸园里，一场洪水结束了历史的早期阶段。在亚洲、中东和其他地方，类似的创世神话和黄金时代以多种形式出现。而今天……我们感到困惑。许多人仍在设想一个由科学塑造的未来，未来的世界中，专家为我们提供所有问题的解决方案，而不会干扰我们的雄心壮志。今天，许多人会认为现在是迄今所能达到的最好状态；当然，对于特权阶层来说也是如此。很少有人认为过去的某一点是值得回归的理想。但是，有些人却发现，在过去的一段时间里，我们的需求与自然是和谐的，我们没有过重的人口负担，我们的消费与生产是平衡的。

无论我们的理想是在过去、现在还是未来，乌托邦的概念往往与我们如何构建这一理想有关。乌托邦思想的三个发展阶段可以宽泛地认为是神话的、宗教的以及积极的（引自奥古斯特·孔德）[1]或制度的。在每一阶段，都有类似于乌托邦概念的东西，强化我们的共同纽带感，并在一个不确定的世界中提供希望。前两个阶段也将来世与今生联系起来，而第三个阶段则大多没有，尽管它可能提供了一种相当于救赎的世俗意义。在我们的物种历史的大部分时间里，我们植根于"正常"或日常意识之外的世界，从对死亡和来世的理解中获得生命的意义。为使我们短暂的生命更加持久，我们想象了与我们觉得最令人欣慰的现在相称的过去和未来。当我们的生命在这个世界上恶化或受到威胁时，我们的反应是培养一种强化的家庭和谐感以及民族、国家或宗教认同感。在托马斯·莫尔的著名著作《乌托邦》（1516年）出版之前，某种接近乌托邦概念的东西已经在历史上发挥了作用，通过赋予公共社会特权来平衡冲突，通常是通过使财产和社会阶级更加平等。这种平等是一种至关重要的社会信条，通常被认为是乌托邦议程的决定性因素。以人道的方式想象或实践，它可以教会我们爱、尊重、个人（甚至是古怪和独特的人）教养的永恒价值。它被滥用，揭示了黑暗的激情，并可能见证一群愤怒的群众被极端的、报复性的平等主义意识形态唤起，爆无论我们的理想是在过去、现在还是未来，乌托邦的概念往往与我们如何构建这一理想有关。

发大规模的武力冲突。

乌托邦的最后阶段，更多的是制度化或宪政化，与其说是对理想的想象，不如说是对理想的创造，它在现代性中达到了顶峰。尽管我们倾向于将其与现代社会主义联系起来，但在这个故事中忽略自由主义将是错误的。自由主义常被视为以肯定的、怀疑的、经验的、对人类可能性的现实陈述为依据，而不是以幻想为依据，也不是以理想化的，更谈不上是以社会化的未来为依据。因此，在这种观点看来，这是典型的反乌托邦。然而，这个故事之所以具有误导性，有四个原因：首先，自由主义本身就提出了一种基于劳动分工和贸易增长的普遍富裕的乌托邦式愿景，这种愿景在至少一个世纪里仍是可信的，但随后开始无法实现它的承诺。其次，自由主义最终开始正视自己的失败，认为自己的未来愿景是有缺陷的，并预言了更好的东西的可能性——特别是社会主义和自由主义之间的一些妥协，可能会融合两种体系中更好的元素。第三，多种形式的自由主义也承诺了一种理想化的民主，甚至被描绘为"历史的终结"[2]，以人民主权为基础，作为君主制、贵族制和富豪制的替代。然而，它往往未能避免少数人（通常是富人）对多数人的统治。在最极端的情况下，这些因素被认为是乌托邦，当它们结合在一个不受监管的市场幻想中时，这个市场的目标是用准全能的跨国公司政权取代国家主权，对全世界人口实施全球化的经济、政治和文化战略。[3]最后，自由主义常常承诺，良好的生活包括最大限度地实现个人自由、自主和独立，并鼓吹追求贪婪和自私是实现它们的手段。因此，它经常诋毁"社会"，或任何公共利益的存在，这些利益不同于个人利益的假定总和，贬低社区和集体纽带以及更利他的行为形式。然而，这些社交的要素或构成要素也是个人幸福的组成要素。人们乐于成为社区的一员，也乐于成为公寓楼的居民；在属于公众的同时又远离它。当他们不再生活在对邻居的恐惧中，或者就此而言，不再生活在对疾病和衰老的恐惧中时，他们通常也会更快乐，因为社会保护他们免受最坏的影响。这些都是乌托邦所教授的课程的重要部分。

定义乌托邦

乌托邦研究主要集中在三个领域：乌托邦思想；狭义

的乌托邦文学这一体裁；以及建立改良社区的实际尝试。无论我们考虑哪一种，本书中探索的对理想的或极大改善的生存状态的渴望的表达范围是惊人的，并迫使我们在一开始就面对我们的核心概念的定义问题。[4]要使"乌托邦"一词有意义，它不能包含所有对于社会改善的渴望：控制污水排放或扩大公共交通的建议不是"乌托邦"。乌托邦也不能被简化为一种心理冲动、梦想、幻想、投射、欲望或愿望，尽管它们可能会支撑其创造或发现。乌托邦也不意味着寻找"完美"的生活，尽管它仍然经常与此混淆；"完美"本质上是一个神学概念，虽然在历史上曾与乌托邦主义联系在一起，但它定义了一种凡人此生不可能达到的状态。[5]事实上，乌托邦经常被实现或发现（而且往往又再次失去）；过去的许多时代确实是早期乌托邦理想的实现；而且，对一些人来说，每一个现在都是过去的乌托邦。然而，每一个意识到的时刻，也包含着错误、失败和不完美。

那么，为"乌托邦"提供一个可行的定义，应该是一项挑战。这个体裁涉及面之广令人困惑，涵盖了社会进步的积极理想；它们的消极讽刺的对立面有时被称为反乌托邦（anti-utopios）或反乌（dystopia）；各种各样的天堂神话、黄金时代和"幸运的岛屿"，以及对生活在自然状态中的原始民族的描绘；鲁滨逊式的海难或沉船；想象中的月球与太空其他地方的旅行；有计划的宪法，模范城镇和各种各样的改善愿景。这个列表还远远不够详尽，但它迫使我们缩小"乌托邦"一词的使用范围，以避免失去任何有意义的应用。

这样做的一种方式是假设莫尔的开创性著作《乌托邦》为我们提供了一个关于大幅改善的社会的准现实描述。人性在这里并不完美，因为犯罪依然存在。然而，一个由法律、礼仪和协议（契约）组成的更加集体主义的体系，可以确保一个更幸福、更有序的联邦。那么，我们可以从这个"现实"的核心定义中向外工作，它似乎降低了对人类的能力和信誉施加的压力，到达更难以捉摸、更梦幻、更不可能有更高美德、秩序和乐趣的场景，以及更极端的幻想和预测，与任何可想象的现实几乎没有相似之处。在不同的年代和世界上，这些可能性以各种各样的混合形式出现。然而，其中一些承诺给一部分人带来幸福，却损害了另一部分人的幸福。入侵者（如感染病毒的人类学家）发现一个理想的社会，往往也会威胁到这个社会的存在，正如内部出现与既定或基本规范和信仰不同的意见。压制可能很快会随之而来。女巫走向火刑柱，贵族则走向灯柱。乌托邦和反乌托邦之间的距离有时似乎非常近。

此外，让我们一开始就进一步区分乌托邦冲动的三种主要变体。第一种可被称为静态的，而非动态的乌托邦：理想社会一旦形成，就会不断寻求保持其原始形式的纯洁性；或者，相比之下，它承认历史发展的内在趋势，并建立了应对这些变化的机制。其次，我们可以将禁欲与满足欲望的乌托邦进行对比。古代和现代早期的乌托邦几乎总是接受不可避免的商品稀缺和资源不足。因此，人们的需求受到简朴的约束，而禁奢法律经常禁止或限制奢侈。在近代早期和后期，这种类型开始让位于富足的概念。自由主义和马克思主义都参与其中。最后，我们可以将等级制度的与平等主义的乌托邦进行对比。许多古老的和后来的乌托邦（更不用说反乌托邦）都是等级森严的，它们建立在人类不可避免的不平等信念之上，特定的领导群体享受着特权和相对奢侈的生活。这种观点通常与柏拉图的《理想国》联系在一起，但在莫尔的《乌托邦》中却截然不同。在《乌托邦》中，所有男人和女人都从事农业，农业被训练成一门手艺。大多数现代乌托邦，无论或多或少的原始主义类型，都包含了大量平等措施。美国和法国革命的平等主义，以及社会主义对平等的进一步强调，都体现了主导的现代乌托邦精神，有效定义了这一品质。因此，伴随现代性而来的宗教信仰的衰落使人们在来世中寻求平等的愿望变得更加强烈。在一定程度上，创世神话已被目的地神话取代。完美性越来越被贬入来世，倘若不是如此，对来世的追求往往定义了反乌托邦。

那么，现代乌托邦主义，即使很大程度上与来世无关，仍然与它的神话以及它的神学史前史保持着一些联系。但它更看重人类在现世生活中的意义。在神话和宗教时代，神和自然的力量仍然控制着人类。在乌托邦时代，自莫尔的《乌托邦》问世的五百年以来，人类掌握了自己的命运。它认识到人的不足之处，并试图将其限制在一种由公众舆论强制执行的规章和习俗制度之内。人类，而不是神，整合了这些力量并定义了他们自己的秩序体系。如果他们减少需求，并且生活在温和的气候中，他们的任务可能会变得更容易：在这里，原始的、"按照自然"生活的吸引力仍然很强。在其他地方，乌托邦可能是在与恶劣环境的不断斗争中形成的。无论在哪种情况下，乌托邦最终都是由人类自身的极限来定义的，尽管这些极限到底是什么，一直是争论的焦点。而且，人类无法重塑世界，却也可以创造暂时和谐的乌托邦时刻与乌托邦场所——比如在空间上规划和谐的社区。

那么，对理想社会的探索，就包括探索一片广袤、稠密、令人眼花缭乱的地形，那里居住着一些相当非凡的生物。我们会遇到许多极端的想象中的生物，根据一些非同寻常的规则联系在一起，它们位于一些相当奇怪的地方，在我们所认为的日常现实之上、之外、后面和远处。最终，我们想象的乌托邦会位于何处有多重要？——在遥远的岛屿上，在月球上，在地球下面，在另一个星系里，在云雾环绕的隐蔽山谷里？或者我们如何到达那里？——通过漫长的海上航行，乘坐火箭，还是跌跌撞撞地掉进一个兔子洞？不那么重要：虚构的地点不重要，因为在某种程度上，无论我们是否以虚构来描绘乌托邦，就界定更狭窄的乌托邦类型而言，重要的是，我们到达目的地后发现的东西是否可信。这就是科幻小说与乌托邦，以及乌托邦的许多流派与乌托邦本身的区别。它可以使我们避免将乌托邦归结为一种心理原则，一种异想天开的"愿望"或"希望的原理"，并且将它与各种各样的"梦"区分开，因为梦中也有一切可能。这种假设常常混淆了导致一些人寻求乌托邦的动机与被寻求的对象，后者显然不是"希望"，而是它的对象或实现。似是而非的标准有助于缩小和规定乌托邦，也有助于设想乌托邦的实现可能性，并将其与仅仅是想象的或完全不可能的事物区分开来。地下世界是难以置信的；一个根据集体主义原则组织起来，但仅仅是虚构地设在地下的社会不一定如此，尽管它的细节可能是这样的。我们选择一个完全不同的地点，是出于对一个更美好社会的广泛理想的信任。但是，如果一个预测是完全不现实的，我们可能会破坏任何鼓励真正的社会变化的可能性，因为形式与内容在这里是共生的关系。要求实现不可能的事情，不仅会让人感到沮丧，而且还会破坏进步。

因此，乌托邦并非不可能的领域。在神话的国度里，几乎一切皆有可能。而在宗教中，通过天启、救赎与解放，以及最终的、完美的、完整的、全部的、绝对的语言，几乎一切都是可能的。但是乌托邦探索了可能与不可能之间的空间，尽管它被公认为经常带有对终极、绝对与完美的渴望，乌托邦在这个意义上仍然不是"不可能"的，实际上甚至不是"无处"。在历史的长河中，甚至在这个概念本身存在之前，它就已经存在了。这是一个我们曾经去过，有时又逃离的地方，也是一个我们渴望去参观的未知的地方。没有它，人类就永远不会朝着更好的方向奋斗。它是一颗北极星、一个指南、一个共同的地图上的参考点，这张地图上有人类改善状况的永恒追求。那么，让我们一起开启旅程吧。

1

第一章 古典时代

神话，黄金时代与理想政制

就像一个人对年轻时代的怀念一样，社会也有类似的怀念过去的纯洁、和谐与美德的创世黄金时代的神话。根据荷马所述，希腊的黄金时代大约在特洛伊战争前一千年，那时的第一批人是用金子做成的，由克洛诺斯神统治。赫西奥德（《工作与时日》，前8世纪）对其进行了改写润色，根据赫西奥德的说法：

> ……他们过着神仙般的生活，无忧无虑，远离辛劳和灾难。日渐衰弱的老年阶段似乎对他们也没有多大影响，他们手脚麻利，享受自己的盛宴，他们战胜了所有疾病，即使不得不面对死亡，他们也好像是被

睡眠战胜的。一切美好的事物都属于他们，肥沃的土地自然地结出丰硕的果实，他们悠然自得，富足而满意地收获着。[1]

那时的神通常被描写得十分仁慈，神与人的关系也比今天更为直接和密切。但是，对于那些背信弃义的人，神也会惩罚他们。例如，希腊神话中的宙斯把一个装满苦难（包括战争、饥荒和罪恶）的潘多拉魔盒送到人间，苦难便被释放，常伴人类左右，以此来惩罚普罗米修斯盗取天火的过错。

根据赫西奥德的说法，当众神因为冲动而创造出"次等"的白银种族时，黄金时代便被抛弃了。新的世界中，天气变得越来越冷，食物需要人类自己去种植，人类还必须躲避风雨带来的灾害。当这一阶段的人类对奥林匹斯诸神表现出不敬时，他们又会被青铜种族所取代。青铜时代最为重要的特征是人类之间彼此增长的对立。这一时代也终将为一个"更加正义、更加高尚"的半人半神的种族所取代，他们中有的在死后仍被允许居留极乐岛。接下来是第五个时代，又称铁器时代，它的特征是战争、贪婪、敬奉先祖的传统的崩溃，以及嫉妒和仇恨的蔓延。在众神干预下，邪恶被惩罚，同时善与恶的较量也在定义着人类行为的正义。乌托邦的雏形一旦褪去，就再也找不回来了，尽管其中的部分原因要归结于众神的异想天开。

卡图卢斯、贺拉斯、塞涅卡和奥维德等人共同构建了罗马版的黄金时代。其中描绘了一个和谐、富足、和平的城邦，城邦由土星神掌管。奥维德《变形记》（公元8年）可能是有关黄金时代最为著名的作品，描绘了城邦的没落以及白银、青铜和铁器时代的继起。为了纪念城邦的过往，罗马人发明了农神节，借此每年重现一次黄金时代（12月17日至23日）。农神节期间，奴隶们被允许与主人共进晚餐、自由交谈，甚至奴隶有时还放肆地命令主人做出有降身份（有失尊严）的表演。在这样的节日里，不但可以觥筹交错，管弦丝竹不绝于耳，而且以往的严刑酷罚也被明令禁止。中世纪的愚人节或狂欢节便是在模仿农神节，活动的主题是庆祝"世界颠倒了"[2]。这是乌托邦作为一种（伪）历史记忆和重塑行为首次出现的标志。

然而，此类纪念乌托邦的时刻将变得越来越珍稀，更多对现实进行改善的愿望体现于来世的观念之中。"极乐乌托邦的雏形一旦褪去,就再也找不回来了,尽管其中的部分原因要归结于众神的异想天开。

世界""天堂乐土"或"极乐岛"都是人们赋予被幸福和快乐长期照亮的宜居之地的不同称谓。正如赫西奥德的《工作与时日》所描绘的,以及荷马和品达作品中所记载的,这些地方都是我们对美丽富饶的幸福之地的想象,设想那里到处都是英雄的形象。在赫西奥德的观念中,地狱(冥府)是死魂灵的家园,里面有一个十分特别的地牢塔耳塔洛斯(地狱中灵魂丑恶之人受罚的地方),专为那些违背神的意志的人而设。对柏拉图来说,灵魂可凭其现世的高尚而在来世获得优待,灵魂的不朽也就预示着永恒惩罚的可能性。在后来的罗马作家的叙述中(最著名的是维吉尔的《埃涅阿斯纪》,约前19年),承诺健康和永生只是对于那些被证明具备高尚道德价值的人而言的,对于那些没有资格的人来说,他们所要面对的是各种折磨,这些都被埃涅阿斯记载了下来。在希腊神话中,极乐世界处于大西洋地区,有时也被描述为离家较近的地方;而在罗马记载中,神圣之地作为冥界的一部分,有时处在很深的山谷底部,当然,有时也有一些其他地点,那里是诸神居住的圣所的选址。瓦尔哈拉殿堂是奥丁神的大殿(奥丁神是北欧神话中至高无上的神),是最勇敢的战士的安息地;也有少数低一等的凡人被允许在此走完人生最后的时刻，但是通常会被转移到另一处"雾之国"（Niflheim），从那里去往永生之路。

约公元前9世纪，荷马的《奥德赛》中记载了地中海某处一个叫作爱亚的地方。那里唯一的居民是女巫喀耳刻（拥有把人变成猪的法术）和她的仆人，他们的客人经常变成狼、狮子和猪。荷马还描绘了风之王希波塔德斯（名为埃俄洛斯）的浮岛，岛上生活着他的六个儿女，他们之间经常发生乱伦的事情。希波塔德斯会从游客中选定一人，并送给他一个装着邪风的口袋，如果口袋被打开，游客的返程就会变得一波三折，受尽磨难。荷马史诗中也提到了独目巨人（吞噬人的独眼怪物）岛和幸运岛，凡人在那里受到欢迎，岛上住满了快乐的灵魂；而在食莲花的国度里，咀嚼莲花会让人忘掉烦恼，身处其中的游客会流连忘返，乐不思蜀。据琉善记载（2世纪），大西洋某处有一座神秘的岛屿，上面居住着一群无形的生物，他们住在一座用金子建造的都城里，房子墙壁是翠绿色的，面包是从麦田里长出来的。琉善还描述了酒神狄奥尼索斯的岛，岛上有流淌着葡萄酒的河流，有人说它很像女人的上半身。

亚特兰蒂斯是一个强大的理想社会的古代原型，最早为梭伦和米利都的狄奥尼修斯所描绘。最著名的描述是在柏拉图的著作中，根据他当时的记载，他的时代距离雅典和亚特兰蒂斯岛国王之间的伟大战争已经过去了9000年。亚特兰蒂斯国位于直布罗陀岩石之外的某个地方，面积超过5800平方英里（约15000平方千米）。帝国繁荣时的力量对埃及和希腊都构成了威胁，最终却被一场大地震摧毁，只有两处建筑保存下来。它的都城也叫亚特兰蒂斯，拥有巨大的仓库和引以为豪的坚固防御。在后来的文学阐述中，亚特兰蒂斯的科学使人工食品和饮料的生产成为可能，心灵感应也使得过去的记忆得以投射。有关失落的岛屿或大陆的亚特兰蒂斯神话已被证明有着悠久的历史，这就为乌托邦理想的来源提供了一个具体真实的证据。[3]

古人发展出多种乌托邦主题，这些主题将随着时代的发展而与乌托邦结合。阿里斯托芬（最伟大的古典讽刺剧作家）的《鸟》（前414年）应该是最为著名的关于雅典建立帝国的野心的早期闹剧或讽刺剧。在剧中，殖民西西里岛的尝试被描绘成"云雀之城"，一个空中鸟城，那里不再存在敌意、暴力和野心等恶习。这一次史诗般的征程也成为后来乌托邦思想的重要主题，其中包括维吉尔的《埃涅阿斯纪》。埃涅阿斯的旅程提及拜访哈迪斯（冥王）、冥界、天堂和英雄（乐园）天堂的经过。

这一传统以阿卡狄业之名而为人所熟知，该名字源于希腊伯罗奔尼撒一个因和平而闻名的地区，这种传统可追溯至公元前4世纪希腊作家特奥克里托斯作品中的田园风光。包括奥维德和维吉尔在内的罗马作家延续了这一传统，后来在雅科波·桑纳扎罗（《阿卡狄亚》，1501年）、菲利普·西德尼爵士（《彭布洛克伯爵夫人的阿卡狄亚》，1590年）等人的作品中以一种理想化的田园诗的形式重新出现。与黄金时代的形象有关，田园主题在之后的乌托邦主义中频繁出现。在早期现代，田园主题有时也与特定的君主（尤其是伊丽莎白一世）统治产生联系，且经常以戏剧的形式表现，如莎士比亚的《皆大欢喜》（约1599年）的故事情节就发生在亚登森林之中。罗宾汉式的贤惠绿林的神话与田园式的美德、朴素的形象重合，与宫廷式的装腔作势和伪善对立。像许多修道生活和神秘主义一样，田园牧歌式的愿景经常与禁欲或缺乏道德净化的理想联系在一起。尽管中世纪农民生活的一些图景表现出对欲望的放纵或对财富的占有，但是在安乐乡的土地上，因需求简化而相应地开启了道德净化的进程，放弃城市生活往往被书写为向农村原始主义的回归。

古代世界还创造出多种宪政形式，这些宪政形式在后来被视为社会与经济稳定、土地划分、财富分配、法律、礼仪以及社会关系等方面的"理想"。托马斯·莫尔的《乌托邦》出现后，这些"理想"成为乌托邦思想中"现实主义"的直接来源。斯巴达，以及一定程度上的克里特岛，后来成为蔑视奢侈、奉献城邦的典型例证。根据普鲁塔克（1世纪）的描述，吕库古是公元前9世纪的一名改革家，他在斯巴达建立双王制和元老院，平衡了君主制和公民大会的权力，对城邦进行了立法。为了解决斯巴达的贫困和社会中的不平等问题，土地按照公平、平等的原则重新分割和支配。个人和家庭装饰奉行简洁的原则，这一原则逐步成为一种典范；提倡公共餐食可以促使富人与穷人共进晚餐，"不至于富人挥霍或炫耀他们的财富，通过观感来满足他们的虚荣心"[4]。运动是城邦的一致行为，有时候人们在运动时全身赤裸。除非有性交的需求，已婚的男人和女人要分开睡觉。吕库古规定可以允许单身男性和

第一章 古典时代　35

有年长丈夫的已婚女性发生性关系,其他形式的通奸则是不允许的。孩子"与其说是父母的财产,不如说是整个城邦的财产"[5]。那些出生时被认为不健康的孩子会被遗弃在山腰上死去。城邦中的孩子共同接受教育,他们7岁便开始了集体生活,为了快速适应军事化的需要,孩子们打着赤脚,光着身子,剃光了头发,他们已经适应了极端的气候环境。

吕库古(前9世纪)

一位半神话般的立法者,时常被认为是斯巴达王室的一员,他建立了城邦的宪法和教育体系。几乎所有关于吕库古的信息都来自普鲁塔克的记载,写于公元1世纪,普鲁塔克自己也说他的资料来源十分可疑。尽管如此,我还是想说,吕库古曾在亚洲和埃及广泛游历,研究不同的宪法和统治模式。

吕库古在掌握了斯巴达政权后,在国王和元老院之间建立了一种宪法上的平衡。元老院有权批准或拒绝国王的任何提议,但不能独立立法。吕库古废除了金银铸币,只流通铁币,使货币变得毫无价值,因为铁太重,不实用,铁制货币在希腊其他地方也不被接受。奴隶的待遇很差,还受到旅行的限制,目的是防止他们不太道德的行为对社会的影响。

普鲁塔克对斯巴达社会情况的描述已然成为勇敢和自我牺牲的代名词，也成为军事化的乌托邦（或反乌托邦）的同义词，在此乌托邦之中，公共利益与个人利益产生冲突时，个人利益要做出牺牲，为满足国家需求，任何代价都在所不惜。然而，吕库古的目的并不是建立一个帝国主义的军国主义国家，而是要保持斯巴达人的"思想自由、独立自主和温和节制"[6]。普鲁塔克的描述对于18世纪的卢梭和19世纪一些社会主义者而言都是至关重要的。[7]

柏拉图的《理想国》（约前370年）和《法律篇》（约前360年）也为乌托邦思想提供了几种可能的模式，对后来时代产生了巨大的影响。他的核心观点之一是，财富集中在统治阶级手中会导致腐败。正如柏拉图《理想国》中所记载的，苏格拉底提出，统治者应该欣然接受一种共有制度，防止财富的过度私有，而作为回报，他们将得到普通民众的拥护。柏拉图也描述了节日仪式中最强壮的男人与女人联姻的场景，如普鲁塔克所描写的斯巴达社会。他们的孩子也与斯巴达人一样，在公共氛围中成长和接受教育。柏拉图还赞扬了哲学人的统治——对智慧的热爱使他胜任这项任务——并解释了为什么其他独裁政权注定会

第一章　古典时代

失败，如寡头政治或富人统治，财权政治或军事独裁，以及民主制度或受煽动者的专制。亚里士多德在他的《政治学》中反对柏拉图的共产主义，尤其反对妻儿共有制度，认为那样并不能使社会更加团结。除了共同使用商品和教

柏拉图（前428/427—前348/347年）

古希腊哲学家，著有《理想国》及其他多部作品。作为雅典人，他是当时最著名的老师苏格拉底的门徒。苏格拉底因腐蚀青年人的思想和道德而受到城邦审判，于公元前399年饮鸩而亡。苏格拉底死后，柏拉图离开雅典，数年间辗转四方。公元前387年，他回到雅典，在城市边缘的一处公共橄榄林中建立了自己的学园。他最喜欢的教学方式是对话，其中最著名的是《会饮篇》和《斐多篇》。在《蒂迈欧篇》和《克力锡亚斯篇》中，柏拉图对前亚特兰蒂斯帝国进行了描述，产生了很大的影响。在《理想国》中，他提出了两种理念，这两种理念对后来的乌托邦传统产生了极为深远的影响：一种是呼吁哲学王的英明统治，另一种是维持一个拥有财产和妻子的统治守护种姓。柏拉图还因为他的理论而闻名于世，他认为现实只有通过纯粹的"形式"或观念才能被理解，只有心灵才能触碰到现实，物质对象只是各种形式的反映罢了。

育，他继续倡导以私有制来创造一种切实可行的友好组织形式。

毋庸置疑，罗马是古代最伟大的帝国。像后来的帝国征服者（以及莫尔虚构的乌托邦）一样，罗马把自己的法律、习俗和法令等强加给蛮族，并将其视作对他们的最大恩惠。一些罗马人，如塞涅卡，相信人类原始的、自然状态下的平等，尽管也承认它会不可避免地进化为一个受控制的、更加文明的社会。早期的许多罗马版本（如卢克莱修等作家所构建的）对原始的文化优势视而不见，而更加认可建立在文明基础上的秩序。文化原始主义并不是乌托邦式的选择对象，尽管罗马人同样喜欢田园景色和其他空间，罗马人在日益都市化的生活中找到了乌托邦式的隐居之地。他们经常用过去的辉煌图景来装饰自己的墙壁。例如，庞贝壁画通常描绘的是罗马人统治下的埃及。然而，罗马人却更倾向于认为他们的宪法才是最好的。后人，至少从18世纪的爱德华·吉本开始，认为贪婪、自负、奢侈以及过度膨胀的野心和日益滑坡的公共道德最终导致了罗马的衰亡。罗马从"黄金时代"走向衰落，通常被认为是与第一位皇帝奥古斯都（前27年至公元14年）的统治有关。不是因为神的恣意妄为，而是如塞涅卡等作家所说，因为人们不愿意为国家牺牲个人利益，罗马的奢侈导致了罗马的衰落。相应地，日耳曼人好战的牧羊人形象，因其韧性而成功地保留在了后来的罗马历史之中，主要出现在塔西佗等人的著作中。其他牧羊人，尤其是蒙古人，甚至可以因此而受到更多的关注，他们总能得出类似的道德教训。

2

第二章 基督教原型

天堂和地狱，千禧年和启示

西方的乌托邦主义不仅根植于古典时代，深受古典思想的影响，也从基督教思想中汲取了大量养分。乌托邦将其愿望寄托于基督教，主要体现在两个意象上：一个是伊甸园，人类最初的诞生地；另一个是天堂，信徒所期望的最终归宿。最著名的基督教乌托邦主义者当然是耶稣基督。基督可能的回归激发了数代信徒，并由此产生了多种千禧年的信仰，最终发展成一种有关世俗化进程的后千禧年观念。地狱则相反，或是通过恶毒的行为，或是通过某种形式的罪恶想法，刺激产生了后来的反乌托邦。另外，此生接近完美或实现完美品德的可能性，成为多年以来多种基督教异端存在的基础，特别是各种形式的"反律法主义",或相信"自由灵魂"以及完全摆脱罪恶的理论。[1]对异端的压制,尤其是来自天主教宗教裁判所的压制,早在革命时代之前就将使用酷刑与官方对美德的宣扬结合起来,把地狱和人间紧密联系在一起。

基督教有关伊甸园的观念有一部分来自早期巴比伦、波斯以及其他有关天堂的说法("伊甸园"一词在苏美尔语中的意思是"平原";对应的希伯来语术语翻译为"喜悦")。伊甸园常常被想象成牧民们田园诗歌般的形象,对那些牧民来说,水、丰美的牧草和丰富的食物与贫瘠的沙漠景观形成鲜明对比。接下来的田园花园理想,或乡村景观以及田园静修生活,都成为乌托邦思想的主题。在"上帝创造了乡村,人类建造了城市"这句谚语中,乡村可能被视为美德的化身,城市则代表着邪恶。正如耶罗尼米斯·博斯的名画《尘世的快乐花园》(1503—1504年)所描绘的那样,伊甸园里住着赤身裸体的亚当(来自希伯来语adamah,意为"大地")和夏娃,他们照看着整个郁郁葱葱的花园,家养的以及外来的动物陪伴他们在花园中生活。可追溯至约公元前1000年的《创世记》2:11告诉我们,上帝的遗产中包含了黄金。《以西结书》(28:13)后面列举了黄金和宝石。在《启示录》22：1—2中有关于"生命树"和"生命清河"的描述。同时，也暗示了那些有美德的人会去天堂。因此，《圣经》将善良的天真与豪华的奢侈描绘为人类永远追求的终极目标。类似的许多意象被后来的许多罗马作家加以利用，尤以爱任纽和约瑟夫斯为代表。

耶稣基督（约前4—公元30年）

信仰犹太教派，后来作为基督教创始人而为人所熟知，出生于伯利恒（当时是罗马占领的朱迪亚）的一个木匠家庭，最终成为有史以来最具影响力的宗教领袖。虽然人们对耶稣生活的许多方面尚所知甚少（关于他是否在十字架上幸存下来，晚年在印度死去的猜测仍在继续），但一些关键事件，如登山宝训，以及他在非暴力和慈善方面的训导的主要特点，都被完整记录下来。耶稣自称犹太教先知改革家，但他却像其他冒名顶替者一样扮演犹太弥赛亚或上帝之子的角色。他所谓的神圣地位至今仍是一个有争议的话题。他的门徒将他的主要学说综合成一份宣言或纲领，伴随着罗马皇帝君士坦丁于313年改信基督教，他的宣言或纲领也获得了巨大影响力。此后，宗教最重要的发展是16世纪新教与天主教的分离，以及18世纪以来基督教社会名义上的世俗化。

在《创世记》的描述中，上帝创造了第一个男人亚当，然后又创造了第一个女人夏娃。上帝赋予他们对自然的统治权力，并承诺给予他们无限的财富，同时也警告他们：不要吃知善恶树上的果子。然而，花园中一条由堕落天使路西法变的蛇，或称龙，引诱夏娃吃了树上的果子，并承诺夏娃和亚当都将"像神一样，知晓善和恶"(《创世记》3：5)。亚当随后责怪夏娃犯了如此重大的错误。从那以后，女人常常要为随之而来的神的惩罚付出代价——她们被迅速驱逐出天堂。靠自己的汗水生活是全人类此后的共同命运。救赎只能发生在来世，也就是末日审判之后。原罪，经常被误认为是性爱，实际上是不可避免的。

这个故事或寓言经常被悖论扰乱。仁慈的上帝为何一开始就提供了这样的诱惑？路西法逃脱或继续在花园中存在并伪装进入伊甸园，而上帝是全能的，他为何会让这样的错误发生？这些枝节似乎是为了戏剧性的效果才被引入叙述之中，它们也没有诉诸逻辑或神学上的一致性，更没有道德上的一致性，只是为了满足概念上的一神论——实际上是二元论——系统中最重要的邪恶起源的持久性问题罢了。

除了伊甸园，《圣经》还描述了多个理想化的地方，包括比乌拉（《以赛亚书》62：4—5），在那里，人类"嫁给"上帝的象征意义是对宗教教义的称服，类似于宗教受洗的过程。善与恶的对立，反映在耶路撒冷和巴比伦城市形象的对比中，其他形象对比中也包含这种投射，上帝之城与地上之城、光明与黑暗、精神的美德与肉体的罪恶等形象对比皆有此种含义。巴别塔（《创世记》11：1—9），最初建造时的目的是"通往天堂"，这一设想足以证明人类的愚蠢和狂妄自大的野心。当时所有的民族被认为是说同一种语言，但是，为了惩罚他们试图建造通向天堂的塔的狂妄和傲慢，上帝让他们语言"混淆"，让他们从那时起便无法理解对方。

《圣经》中，上帝对人间罪恶的惩罚还体现在大洪水中，只有诺亚和他的家人幸存了下来（古代希腊也有类似的传说和其他一些洪水神话，这类传说和神话中就包含了神惩罚人类恶行的说法）。更重要的是，《新约》最后的《启示录》（约公元90年）引用了《旧约》中有关世界末日的说法。或许与基督的二次降临巧合，当世界被洪水、地震和其他灾难撕裂时，善良的人将被拯救，而那些邪恶的人则将面临永恒的折磨。上帝成功地制止了魔鬼撒旦，但是新耶路撒冷的承诺却因长达千年的善恶矛盾而被拖延，神座上不曾长出生命之树。那么，至少在约翰看来，上帝之城〔在一个棱长1500英里（约2415千米）的立方体内〕将收留末日审判后复活的那些人，城的中心位置是上帝和基督的宝座，紧邻生命之河与生命之树。这一形象的变体后来成为许多理想城市的模板。

伊甸园仍然是基督教最伟大的信仰，也是西方乌托邦传统的源泉。伊甸园形象是在对来世观念的描述中得到强化的，基督教话语用天堂和地狱指称来世。犹太教和琐罗亚斯德教以及其他宗教来源都对伊甸园形象产生了影响，甚至被纳入《旧约》的说法也认为，天堂与伊甸园最初是紧密联系在一起的，从理论上将伊甸园视作上帝在尘世之外的某处居所。当伊甸园有了一个多少准确而真实的位置时，天堂也被理解为一种形而上的非真实的状态，是人的灵魂与神共存的一个精神场所。[2]

新约时代，天堂通常是光明的、高高在上的，上帝宝座位于中央位置，耶稣基督伴其宝座右侧。天使长加百列和各路天使、六翼天使和圣徒（他们中有些享有重要的官僚职能，如守门人圣彼得），以及越来越多的凡夫俗子也出现在上帝身旁。就谁该被允许升入天堂的问题，各宗派意见分歧很大，但几乎都不允许异教徒和异端进入，非教徒也不例外。但是，摩门教的终极目标是拯救全人类，当然也包括异教徒。

基督教将如何占据永恒位置视为一个棘手的问题：很多诱人的罪恶在来世都被取缔，俗世的娱乐被大量取消。天堂往往被一致性地描述为不断有竖琴演奏的样子，大概是为了持续给赞美诗唱和伴奏（"永恒的哈利路亚"，如清教徒牧师约翰·科顿所说）。然而，人们也从许多不同角度对其加深认识。17世纪法国的一位神学家弗朗索瓦·阿诺克斯把天堂想象成一座"有福之人的卢浮宫"，在那里"笑声永不停止"[3]。18世纪的神秘主义者伊曼纽尔·斯韦登堡认为，一种形象的天堂设计会允许多种形式的互动行为。文艺复兴时期的天堂形象继承了更加生动的古典元素，即在天堂里时间是如何流逝的，在一个由植物和动物装饰的田园般的自然环境中，友谊是被允许的，甚至也有情爱。摩门教与其一夫多妻制保持一致，将家庭之爱的制度延伸到后面的来世和他们的后代，一直到世界末日。然而，许多清教徒式的天堂设想也对闲散的作风令行禁止。有人想象在天堂中存在着强制性的集体活动。然而，这些都是相对的——在经历了短暂、野蛮和肮脏的生活之后，没完没了的赞美诗，甚至连在电幕前做健美操这样的举动也可能是具有吸引力的。

天堂和地狱也总是被视为有组织、有结构的。天堂的等级制度，至少从中世纪开始（记载有所不同），由三个领域的天使组成：六翼天使、噻嚧啪和宝座；主权、美德和权力（历史的守护者——有一种说法称撒旦是他们的首领）；还有那些公国天使、大天使和天使。噻嚧啪有四个布满眼睛的翅膀和公牛脚。[4]在其他职责之外，他们还守护着生命之树，并由绿宝石颜色、轮形、有数百只眼睛的欧菲尼姆辅助大天使守护着各个国家：例如米迦勒守护着以色列。撒拉弗常喊着说，"圣哉，圣哉，圣哉，万军之耶和华，你荣耀着广袤的大地"，这是最单调乏味的使命。

地狱中情况有所不同。基督教的地狱与巴比伦的地狱有所不同，巴比伦地狱在道德上保持中性，关押着几乎所有死者，而基督教地狱只居住着恶人和折磨他们的人。恶人可以在不灭的硫黄和硫黄的火焰中祝酒（他们的身体，奥古斯丁声称，只有通过神圣的、神奇的代祷才能从毁灭中拯救出来）。但在这方面，也有工作要做。撒旦在地狱里获得许多其他叛逆天使的协助，这些天使在弥尔顿著名的《失乐园》中被列举出来（1667年）。在这篇关于天使反叛的文字中，可以看到反乌托邦思想的萌芽。撒旦率领着神界三分之一的天使背叛上帝，发起一场规模宏大的战争，最终撒旦被驱逐出神界。其中参与反叛的主管财富的天使，或许就是第一个反乌托邦的形象，他或许就是最初的苹果中存在隐喻性的蠕虫的证据。弥尔顿这样描绘他：即使在天堂，也总是"向下弯曲/更欣赏/天堂铺路的财富，踩在脚下的黄金/比任何神或神圣的东西都享受/在幸福的愿景"[5]。

然而，并非所有人都担心他们自己的未来将会是一个充满硫黄和硫黄火湖的时代。对神代祷可能使地球成为天堂的期望，成为基督教信仰的一股思想潮流。大多数千禧年主义者都注意到了《启示录》20：4—6中的预言，其中基督的第二次降临预示着一千年的统治，将会在末日审判后到来。在主要的变化中，在这个主题上，前千禧年主义者相信基督会出现在这一时期之前，而后千禧年主义者则预期之前的黄金时代将发生在新耶路撒冷在地球上的某地被建造之前。从16世纪开始，这种愿望就与新大陆联系在一起。17世纪，移民到美洲的清教徒极大地强化了这一观念。到了19世纪，许多人将年轻的美国视为上帝选定的土地，"山上的城市"或"救赎的国家"，这里不仅成为人们的避风港，而且注定要通过战争将其他国家从邪恶中拯救出来，对于一些国家来说，这些战争一直持续到现在，甚至可能会以世界末日善恶大决战告终。[6]基督教教义的许多千禧年或千禧年的方面会在中世纪和早期现代的几个世纪中规律性地重新出现。继承了犹太末世预言的传统（其中一部分在《但以理书》中得到了证明），各种异端基督教派别，如中世纪的卡特里派或新摩尼教派，都赞同一种或另一种理论，即一个日益邪恶的世界最终会被推翻。然后将重新引入一个虔敬的国家，在这个国家中，圣徒或选民，虔敬的或尘世的，可能会在击败敌基督者（罪人）和弥赛亚来临之前统治一段时间。

圣人王国的概念与乌托邦的概念十分接近，以至于它们常常被混淆。14世纪的僧侣约阿希姆在其著作中认为，对人间天堂和上帝的天堂的追求，二者是密切关联的，他认为即将到来的人类第三时代与圣灵时代是一致的。宗教改革时期最著名的托马斯·闵采尔声称，他自己已经被神圣的意志所渗透。14世纪英国农民起义的预言者约翰·威克利夫和约翰·鲍尔以及15世纪胡斯反叛运动的煽动者，都发现摆脱了贪婪和奢侈恶习的穷人是他们新的选择，被选择的圣人——这个主题与三个世纪后的卡尔·马克思不谋而合。

千禧年主义也定义了17世纪英国革命许多最激烈的时刻。无论是在革命期间，还是护国公奥利弗·克伦威尔统治下，各教派都奉行平等主义原则，有时是再洗礼派的共产主义理想。第五任君主甚至相信，基督会回来亲自统治这个世界，并恢复摩西律法。杰拉德·温斯坦利的工作组类似于挖掘者，他们尝试重建一个类似于堕落之前的社区。他们在萨里（这个国家三分之一的土地没有被私人所有者开发）耕种未开垦的土地，目的是"为正义而工作，并为所有人，包括富人和穷人，建立一个共同的财富基础"[7]。最后，他们被粗鲁地赶走。温斯坦利相信即将到来的战斗是"两种力量之间的斗争，一方是权利，称为魔鬼或贪婪；另一方是社会，称为基督或仁爱"[8]。温斯坦利是

重要的乌托邦"联邦"著作《自由平台上的自由法则》或称《恢复的真正治安法》（1652年）的作者，其中包括皇

托马斯·闵采尔（约1490—1525年）

这位德国先知和千禧年信徒是早期宗教改革的共产主义者。在16世纪早期的农民战争中，托马斯是一位激进领袖，与再洗礼派异端关系密切。有关他早年生活的细节记录很少，有限的记载也受到当时他的对手的影响。他大约于1490年或1493年出生于哈尔茨山脉（现萨克森-安哈尔特）的斯托尔伯格。获得博士学位后做了一段时间教师，然后在马丁·路德的推荐下，于1520年成为兹维考地方的一名传教士。在那里与一群游民织工结成同盟，在宗教和社会方面与富有的牧师及其捐助人做斗争。斗争失败后，他逃到布拉格，最终在萨克森定居。后来他的信仰越来越激进，完全与路德决裂，1524年成为一系列叛乱运动（被称为农民战争）的领导人中的一员；1525年，他在米尔豪森参与了导致镇议会解散的运动，没收教会财产，创建了共产社区。然而，起义被野蛮镇压，闵采尔被拷打和处决。尽管运动失败了，但他的努力尝试代表了基督教共产主义的有益实验，影响了马克思和其他的社会主义者。

家的、牧师的、公共的用地和浪费未用的土地的国有化提案，废除买卖工人劳动力和强制共同劳动制度。

其他团体如咆哮者，相信神的启示可以让少数人免于原罪的惩罚，并允许反律法主义者在优雅的状态下放任自由地行动。有关自由精神，诺曼·科恩有著名的描述，即"不道德的超人的精英"（遥远的前辈如萨德、施蒂纳和尼采等）[9]，他们声称自己只有从世俗道德的枷锁下解放出来才能沉浸于其他任何喜爱的事情之中。一些团体，如乔治·福克斯领导的贵格会，坚持平等主义、朴素的着装和讲话，他们具有强烈的社群主义倾向。他们对战争的强烈反对是他们在未来几个世纪里的主要特征。他们为现代国际和平提出了一些建设性建议，包括威廉·佩恩提出的欧洲议会仲裁争端议案。

分享财产的思路，可能源自基督和使徒的行为，是许多异端基督教教派的做法，12世纪法国的韦尔多派也是如此。他们在接受共产主义和独身主义的"完美主义者"与过着更为传统生活的"新手"之间做了区分。15世纪波希米亚的塔波尔派和英国的劳拉德教徒也有类似信仰。亚当派的胡斯派也接受裸体和共妻习俗。宗教改革时期，托马斯·闵采尔和与其有关联的再洗礼派，进行了一系列大胆的被血腥镇压的社会实验。17世纪中后期各教派，如由亨利·尼克勒斯创立的荷兰邪教"爱之家"，采纳了商品共同体的形式。至18世纪早期，千禧年信徒和世界末日尽管从未在精英文化中完全消失，但是已经大大减少。

基督教也有一种愿望，希望美德能够在今生变为现实。圣·奥古斯丁的《上帝之城》（413—426年）是早期基督教理想社会最著名的表达。在罗马帝国衰落的大背景下，奥古斯丁将罗马代表的地上之城中的邪恶与上帝之城中的美德进行对比。在作品所描绘的上帝之城中，伊甸园的纯真、和谐、和平的景象重新回归。伊甸园的重新回归有两层意思：它构建出一种理想的、纯宗教的、具有现实德行的基督教社区形象，信徒们向往这样的社区。新耶路撒冷理想中，这样的社区可以在今生被创造出来，也可以通过彻底击败那些异教徒敌人而收复。它的另外一层含义则是信徒对末日审判后最后的生存状态的某种期待。这样，乌托邦传统中普遍存在的二元论（奥古斯丁所信奉的摩尼教部分属于二元论）得以体现：善恶两种原则是普遍存在的，善恶势均力敌，均无法支配对方。有人认为，这种原则是基督教教义中必不可少的,从魔鬼形象路西法或撒旦的出现,一直存在至今。

基督教信仰也融入各种形式的异教神秘主义之中,尤为特别的是在亚瑟王追求圣杯的传说——基督在最后的晚餐时使用的杯子或盘子被认为是沾上了受难时的血。这一追逐圣杯的传说在16世纪新世界寻找"青春之泉"的信仰中仍然重获新生。目前为止,奇迹在基督教信仰中仍然具有乌托邦的色彩。

在文艺复兴和早期现代的许多有影响力的作家作品中,基督教神话多次被重新讲述。其中最著名的三位作家是但丁、约翰·弥尔顿和约翰·班扬。但丁的《神曲》(1320年)讲述了他堕入地狱的故事,地狱里住着罪犯、异端者、异教徒和无神论者。还有更多的通往炼狱的旅程(在那里,人们要为自己的各种罪过进行忏悔),一些人通过地狱边缘,那里住着一些未受洗的人,如苏格拉底;然后,最终进入天堂,那里居住着上帝的选民——主要是伟大的领袖、圣人和天使。

弥尔顿的《失乐园》(1667年)和它的后继者《复乐园》(1671年),是有关伊甸园逝去的最为著名的文学描述，它是对灵魂与上帝的结合之破裂的悲叹，是撒旦让夏娃堕落的结果。班扬的《天路历程》（1678年）是有关寻求基督救赎的主要寓言。在危险之旅中，无数的艰难困苦考验着朝圣者与基督徒的信仰。在这里，信仰最终胜利了，他到达了比乌拉的土地，然后是天堂，在那里，他的原罪的诅咒被解除。天堂主要被描述为天国之城，守护着生命之树，由珍珠和宝石建成，有黄金街道和繁华的花园。

这样的场景可能不是寓言式的想象，而是上帝准备赐给被选中的少数人的应许之地。《出埃及记》中犹太人的上帝耶和华为人们提供了这样一个地方。他们将在这里重新组建一个民族，这里和平而富足，这里狼和羊将住在一起，良好的社会风尚在此盛行。还有另外一种说法，即先知会带领他的人民从世俗的忧虑中获得神圣的解脱。在基督教早期的几个世纪里，特别是十字军东征期间，应许之地常被认为是圣地的重新安置之处。此后，新耶路撒冷可能位于其他地方，最初是在新世界，后来发展到美国，这也与以色列的建国之间存在着某种联系。其中一个主要的教派——摩门教，便是从约瑟夫·史密斯的《摩门经》

（1830年）中获得启示的。这一启示可能来自公元前6世纪天使莫罗尼的启发。1823年，史密斯重新发现了它们。这推动了后期圣徒教会的建立，成为19世纪美国兴起的主要新教教派。"耶和华见证人"和许多非西方团体（如美拉尼西亚的"货物"教）都有类似的千禧年信仰。

3

第三章　欧洲以外的理想社会愿景

不在任何之处，又在其他之处

人们常以为"乌托邦"是扎根于欧洲古典思想和犹太-基督教思想的一种西方独有的传统。[1]然而，有关这一主题的比较研究还不多，在此基础上的归纳总结也显得苍白无力，说服力不强。[2]虽然聚讼纷纭，难有结论，但仍可声称只有基督教欧洲拥有"乌托邦"的传统，正是在西方积累的大量充足的文本和语义材料基础上，一个成熟的知识领域和流派才最终形成，这种体系更多是指文学上的。按照这种观点，托马斯·莫尔的《乌托邦》仅仅构建起了乌托邦主义的基本结构，定义了这个概念的考察范围。印度教常被认为不会产生"幸福的乌托邦之梦"[3]，中国有乌托邦主义的观点也会遭到质疑，至于那些理由也只能算是初步的推断，没有什么说服力。要考察更普遍的、欧洲以外的"乌托邦"概念的可能性，必须将研究重点放在那些拥有广泛文学传统和复杂政治历史的、相对先进的欧洲以外的文明上。原始社会对乌托邦观念的需求并没有那么多，因为它们已经具备了一种有序的、乌托邦式的生存条件。

因此可以说，原始人所生活的时代就是他们自己的黄金时代，怀旧对他们来说是无须去做的事。那时他们的土地还没有被贵族偷走或被羊群侵占。他们的祭司和神父还没有被废黜。生活在这样的社会中，公共生活、宴会、舞蹈、宗教仪式、游行和纪念活动等都提供了具有代表性的乌托邦式的空间和体验。世界上最伟大的古代宗教遗迹，如巨石阵、吴哥窟、复活节岛和雅典卫城，至今仍能唤起神圣的空间感。在阿伊努人的熊灵祭节日和印度教的胡里节等许多节日里都发现了与罗马农神节相似的仪式。原始人的时间和空间概念中可能包含着更多共同的关于宇宙的概念。例如，澳大利亚原住民的"梦境"建立起了宇宙、日常存在和来世三者之间的无缝连接，在这种关系中，死者可以继续对生者进行管理。在这样的社会里，个人通常很少遭受来自群体的疏远和孤立，男性长者组成父权制的管理组织，帮助社会中的个人建立起规矩。17、18世纪的历史学家大都认为，如果不是全体，那么多数的原始社会成员也会拥有某种形式的公共财产。之后的许多作家，如摩尔根在《古代社会》（1877年）中，都对美洲社会进行描述，个人的土地继承权缓慢地从部落所有权中产生出来，同时避免个人拥有房屋或土地[4]；卡尔·马克思也这样认为，他将"亚细亚生产方式"划分到财产占有的第一阶段。[5] 16世纪，类似的社会形式往往被设想为乌托邦概念的核心，就此意义而言，乌托邦概念本身就是从欧洲以外的社会中产生的。

有关宇宙起源的大多数非基督教记载都与半神话的黄金时代或理想而美好的过去存在着意象重合的现象。基督教创世神话的来源本身就是"非西方"的，或者至少是"前西方"的，如苏美尔人的经典《吉尔伽美什史诗》中已经描述了地下世界，史诗的记录方式被后来的荷马、奥维德和其他人继承。埃及有关来世的经典描述《亡灵书》，可追溯至公元前1400年左右，描述了死者的灵魂如何徘徊于冥界长廊，直到被带至死神奥西里斯跟前，由他来审判从前的罪孽。

原始人所生活的时代就是他们自己的黄金时代，怀旧对他们来说是无须去做的事。

_____

在北欧、美洲原住民、伊斯兰教、印度教和其他传统中，有关天堂和地狱的意象也各有其形态。在这些传统中，那些拥有来世的人被想象为神，他们有的在世俗生活中获得公正的回报而成为英雄，有的因为道德高尚而被赐予永生。所谓的天堂往往位于云端之上，但也可能横亘在海洋表面；地狱则往往位于地下。美洲原住民则通常将来世描绘成富饶的狩猎场，有时也会提到唤醒或在地球上重建一个和平的社区。在北欧神话中，宏伟的瓦尔哈拉殿堂是主神奥丁的家，也是死去战士的安息之所；其他的普通人则居住在天国府邸中，他们通过地球上彩虹的红带拾阶而上进入其中。印度教中那些有德行的灵魂在实现涅槃（或开悟）之后，会在毗湿奴的陪伴下永远驻留在布满繁星的天国。佛教中几种形式的来世，对作恶者的惩罚和对为善者的褒奖，暂时打断了业力轮回的进程，现在的果必有过往的因。佛教中一些关于天国的看法认为，人的肉体欲望是可以得到满足的。

中国的道教所描绘的是一处没有痛苦的净土。道教寻求的是正负力量或阴阳之间的平衡，特别是在实践美德的过程中以及在与自然和谐相处时，都会产生与乌托邦特点十分相似的情景。在伊斯兰教的天堂中，大眼睛、皮肤白皙的美女或随行仕女在等待着英雄的命令，有德行的死者被允许在神的审判之前复活。尽管有一些人被允许获得净化，可能升入天堂，但是伊斯兰教《古兰经》中的撒旦也以"伊布力斯"（魔王）的形式存在，他被逐出天堂，引诱信徒放弃真正的责任，对被诅咒者进行持续的地狱般的折磨。[6]《古兰经》中的天堂被描述为一个花园，很类似于基督教《圣经》中的一些内容，那里有不劳而获的财富，黄金、珍珠、丝绸和丰盛的食物，以及永恒的青春、审判日与起死回生。

在凯尔特人的神话中，异界被看作转世前的中途站，而生命之地，或称Tir-na-nóg，才是来世永恒的归宿之一。在这里，每年的10月31日（现在被称为万圣节或万圣夜），亡魂被允许回到人间，报复那些伤害过他们的人。许多关于来世的描述都认为人死后肉体腐败的过程会在特定的时间内被逆转，重新焕发新生。

因此很明显，在欧洲的异教和基督教的宏大主题中，没有一种是最终汇入乌托邦思想为其提供神话基础的，也不存在一个"非西方"的类似的传统。那些认为"非西方"或非基督教的乌托邦主义不存在的说法，主要是基于这样的假设：在欧洲思想对非欧洲的世界产生影响以前，基督教欧洲以外的地方并没有明显地、独立地出现一种非宗教的、普遍形式的文学乌托邦。

然而，有时人们承认，几乎每一个非欧洲政治思想的主要分支都拥有一些乌托邦的元素或是有关理想社会的描述，而这往往是基于世俗的而非宗教的基础，包括一些失落的、美德与正义的、黄金时代的概念。在中国尤其如此。《论语》里提出了一个和谐的社会，在这个社会中，统治者执行正义，臣民纳税，尊重权威和年长者，遵守秩序、原则和天意的传统将全社会联系在一起。墨子等作家指出了"古代贤王"的高尚品德和英明统治。[7] 从公元前206年起，孔子的思想被中国古代的皇帝正式采用，此后新儒家思想在中国历史的不同时期得到加强，直至当代。正如张隆溪所言，儒家思想不仅是一种有意识地把对来世的关注寄托在对现世良好秩序的寻求中的世俗的传统，它更是一种将周文王治理理政思想理想化的实践，孔子试图通过个人和集体对道德的自我矫正来效仿、重现那个理想中的王国。[8] 孟子等人则进一步完善了该理想，设计出一种孔子试图通过个人和集体对道德的自我矫正来效仿、重现那个理想中的王国。

孔子（前551—前479年）

孔子是中国古代最著名的哲人，儒家思想创始人，该思想在古代中国绝大部分时间里都在国家治理和管理思想中占据主导地位。孔子出生于今天山东——当时叫鲁国——一个贫困家庭，他19岁成家，做了一名小吏。公元前517年，搬到齐国，成为教书先生，闻名乡里。此后的大约14年当中，为寻求庇护，他辗转于各诸侯国。67岁时，回到鲁国，5年后在此去世。去世后，弟子们将其主要学说整理编纂成《论语》一书，哲学家孟子和荀子是他最优秀的两个弟子。孔子的思想要求重新回到他心目中过去的传统和习俗，寻找真正的传统价值。儒家思想尽管要求民众遵守礼仪，墨守成规地学习，服从孝道，维护父母威严，同时也要求统治者对民众承担起应有的责任。

"仁政政府"，在其治下，百姓衣食无忧，年少者接受教育，年长者老有所养。老子有关道家思想的描述也有关于理想过去的阐述，发生在战争和贫困彻底泛滥之前的、理想的过去。近代早期，尤其在中国，儒释道三教的融合也推动了中国文学中乌托邦主义的产生。其中，比较著名的是陶渊明的《桃花源记》（约公元400年），它以描绘一个

第三章 欧洲以外的理想社会愿景

安宁和谐的隐秘世外桃源而闻名。这在王维的《桃源行》（8世纪）和11世纪王安石的同名作品中得到呼应，构建了一个以血缘关系为基础的社会，统治者与被统治者之间没有任何等级差异。后来，李汝珍的《镜花缘》（1828年）因描述女性的统治地位而为人所知。[9]康有为和其他20世纪中国知识分子的作品，则以所谓的"大同"或称和谐思想为基础，扎根于前儒家理想的真实社会（约前2300年），彼时的财产尚属公有，"财产被使用，而不是被自私地囤积起来"[10]。

印度教的法典（Dhar-mashastra）传统描绘了一位理想的、智慧的统治者，这一传统部分地传入佛教。印度教曾经被认为（通常与古希腊形成对比）是完全建立在宗教和形而上学基础之上的，现在则产生了一种"现实主义"的分支，这在考底利耶（约前300年）的著作中有所体现，常被比作马基雅维利。印度教中的种姓社会可被视为祭司和战士的乌托邦，作为一种对权力的幻想，它被证明是所有等级制度中最为牢固的。[11]与大多数宗教不同，由释迦牟尼（约前563—前400年）创立的佛教，部分地起源于印度教内部的改革运动，但它并不强制信仰某位神。它认为尘世生活中，苦难是主导，而一切苦难源于欲望。要从因果轮回中摆脱出来，可以通过涅槃（开悟）或解脱的方式实现，即通过将个人融入宇宙整体来获得救赎。（佛教的"涅槃"相当于基督教的顿悟，或解释为被神圣的光芒照亮。）佛教要求人们在今生通过和平的方式传播这种信仰和实践。佛教的乌托邦特点包含强大的寺院传统、严厉的慈善禁令、今生实现高度的内心和谐与社会和谐的设想，佛教领袖被赋予实现正义与和平的使命。道教、儒教和佛教三教的某些方面在日本经过与本土信仰体系——神道教的融合，设计出了一系列强有力的宇宙形象，包括黄金时代、理想国的愿景和一个被称为"永恒之国"（Tokoyo no Kuni）的海外天堂，生活在那里的居民永远不会死亡。理想国后来又与日本第一代天皇的神话以及死者最后的安息之地的概念融合。19世纪末始，西方乌托邦主义就对日本的思想界产生了巨大影响，有人认为，这极大地推动了日本思想界对该文类的未来学进行独具特色的、积极的参与。[12]

伊斯兰教也有此类理想化的政体形象。[13]其中的某些概念被视作良好秩序和教规的化身——伊斯兰教法规则。通常情况下，伊斯兰教的乌托邦主义不会利用虚构的旅行故事或不切实际的理想来描述乌托邦，然而，最早收集于9世纪的著名民间故事集《一千零一夜》（或称《天方夜谭》）是具备乌托邦元素的。伊斯兰教史关注麦地那的第一任哈里发（632—634年），将其统治时期视为伊斯兰史上最公正、最平等的阶段，也将其比作伊斯兰教政体的黄金时代。此类"具有巨大影响力的乌托邦愿景"和"强烈的情感力量"[14]后来成为原教旨主义愿望的主要来源，倭马亚王朝（661—750年）是仅次于第一任哈里发在位时期的另一个重要历史阶段。各种伊斯兰教文献涉及的社会控制机制，与基督教欧洲的乌托邦主义机制相类似。尤其值得注意的是，《古兰经》为抑制社会中出现的不平等现象而禁止高利贷行为，明显地将伊斯兰教对现代化的看法与西方资本主义的观点区分开来，具有重要意义。

关于理想伊斯兰社会的最重要的理论家阿布·纳斯尔·阿尔法拉比将"美德之城"（约公元940年）描述为"至善至美"，强调社会的合作、正义与平等。[15]阿尔法拉比赞成促进就业，认为可以拿出公共资金补助医生和重病患者，支持培养开明的、有哲学思想的统治者，这些哲人统治者不需要医生和法官，仅凭他们的道德成就便足以感召世人。（反律法主义也是伊斯兰乌托邦主义的一些特征。）后来的作家，如伊本·西那（979—1037年，欧洲人尊称其为阿维森纳）主张政府可以驱逐懒惰的人和失业

阿布·纳斯尔·阿尔法拉比（约870—950年）

作为柏拉图及亚里士多德的解释者，被尊称为继亚里士多德之后的"第二导师"，这位伊斯兰哲学家的早期生平是有争议的。他可能是一名土耳其血统的士兵的儿子，也可能出生在突厥斯坦的瓦西伊。他长期居住在巴格达，早年是一名日工；自学成才，学习了伊斯兰法学和音乐，最终进入阿勒颇的高等法院，在大马士革去世。他熟悉希腊哲学，并熟悉希腊哲学，可能曾在君士坦丁堡学习，并去过埃及。他凭借对数学的兴趣评注和阐释了欧几里得和托勒密，还写了大量关于音乐的文章。他的主要哲学著作为《柏拉图和亚里士多德的哲学》，这部评论性作品包含了对柏拉图定律和亚里士多德《尼各马可伦理学》的广泛研究。阿尔法拉比通常被看作是第一个直面哲学对宗教正统性的挑战的伊斯兰思想家，他实际上将宗教归于哲学之下，因其专注于城市的世俗组织对公民幸福的影响，而经常被视为伊斯兰政治哲学的创始人。

者、废除赌博和高利贷、规范婚姻和育儿制度。尽管1000年后的伊斯兰世界在固定社会等级的方面变得十分普遍，但许多穆斯林社会仍保留了公共土地所有权[16]，这种措施可以视为伊斯兰乌托邦主义的一种表现形式。

正如所讨论的，许多非西方国家的理想都建立在对过去或失去的黄金时代（例如印度教中的黄金时代或第一个完美时代），或是自然状态（有时会被认为是负面的，如考底利耶）和/或理想法则（如《摩奴法典》中的例子"达摩"；儒家的"礼"；道家的"道"）的某种观念之上。许多人用神话或史诗故事来描述这段过往：如印度教的圣典《摩诃婆罗多》指的是吠陀时代；如阿兹特克人的祭司歌颂图兰的故事，他们的种族正是从那里诞生的，那是一片食物能自行生长的、"盛产翡翠、绿松石、黄金和白银的土地"[17]。

今天，仍有人提议重建过去的理想。当代，面对现代化、城市化、个人主义以及传统威权的褪去和西方文化令人眼花缭乱的冲击，呼吁恢复日益衰落的父权与神权的声音可能更加强烈。像巴基斯坦和阿富汗塔利班一样的团体，它们在面对被公认为腐败的由"异教徒"外国势力支持的政权时，会相对容易地以美德粉饰自己的党派。那些对华盛顿或喀布尔的政权几乎没有提供过任何帮助的人，热烈地关注着那些试图恢复哈里发时期的命令。这样的结果可以称作创建天堂，但也常被认为是一种社会的重建，且有时被认为是地方性的，特别是处于后共产主义、反帝国主义形态下的民族主义，这通常被认为是一个信徒的社会。他们的"原则、荣誉和纯洁"（用奥萨马·本·拉登的话说）与"私通、同性恋、吸毒、赌博和高利贷等不道德行为"形成对比，表明了西方人的立场。[18] 他们可能要求或渴望恢复到从前的国际地位，或更早的状态——在某些情况下可追溯到几个世纪以前。

这些例子表明，非基督教传统中的乌托邦愿景在19世纪获得明显复兴，与欧洲乌托邦主义的兴起大致同时，一定程度上是为了应对更为平等的、公共形式的农民自营权的衰落，以及被更加无情的、规模巨大的、出口驱动的封建主义所取代的状况。从18世纪开始，反抗帝国主义的"千禧年"运动便已十分普遍。1781年，一个救世主般的秘鲁混血儿何塞·加夫列尔·孔多尔坎基声称自己是失落的印加王国的国王，他发动了多次反抗西班牙统治的起义。在非洲，苏丹的马赫迪在原教旨主义复苏的背景下反抗英国的统治，他谴责宗教的衰落是"由于奢侈的生活方式和与基督教徒的接触"[19]。19世纪末，美国原住民发明了一种"鬼舞"，作为对抗白人扩张主义的手段，其引用的便是一个失落的富足时代。毛利人在抵抗英国的入侵时，也会采取类似的形式。印度民族起义（1857—1858年）中也有一个"复兴"的乌托邦式概念。[20]在中国，太平天国运动（1851—1864年）和义和团运动（1900—1901年）也表明了过去中国在面对西方帝国主义侵略时的坚决反抗。[21]在20世纪，前伊朗领袖霍梅尼对革命后伊朗的愿景也存在类似的设想。

有时这些运动被称为"千禧年主义"。但是它们显然也具有乌托邦的成分，即设想出一个前帝国的历史，那时的原住民拥有对自己家园和命运的控制权。此外，反殖民主义的革命运动中经常产生乌托邦式的念头，如弗朗茨·法农，他的种族认同的观念与自然和谐相处的观念紧密相连，他的种族观念是对于黑人文化的认同、以非洲为中心的思想、对失落的村庄制度以及部落民主亦虚亦实的回忆。此外，朱利叶斯·尼雷尔、利奥波德·桑戈尔和艾梅·塞泽尔等人都提出了对非洲社会主义的具体构想。[22]后殖民主义文学中也反映了类似的关切。比如，在非洲的各种作品里，本·奥克瑞的《惊天动地》(1995年)，都聚焦于这一主题。[23]

20世纪，印度领导人莫罕达斯·甘地提出了迄今最为重要的反对帝国主义的观点，他为保障人民平等和抵抗英国侵略长期斗争，为1948年印度独立做出重要贡献。甘地深受托尔斯泰等人的非暴力思想和印度教中黄金时代的观念影响。对于印度的未来，他的观点通常是坚定地反现代性的，甘地复兴了作为国家重要组成部分的70万个村庄，让这些村庄自给自足，强化了传统的村民委员会，稳定了地方秩序。甘地还认为，私人财产只是其所有者持有的信托财产的一部分，他建议那些富人只留下他们真正花费所需的部分，而将剩余财产投入到全社会的共同利益中去，他还限制财产的继承。国家重工业应实现国有化，归国家所有，土地也是如此。通过这样的方式，无政府主义的分权与社会主义的所有权和管理政策得以和谐共存。

那么，如此多的概念在多大程度上呼应或反映了本书一直在探讨的乌托邦主义呢？理想化的王权或神权本身并

莫罕达斯·甘地（1869—1948年）

这位印度政治领袖和社会改革家通常以他的尊称"圣雄"（"伟大的灵魂"）而闻名，人们通常认为是他在1948年带领印度脱离英国统治而走向独立。他是印度北部波尔班达尔首席部长的儿子，在当地接受教育，直到1888年移居英国学习法律，1891年被授予律师资格。由于无法在印度获得工作，他搬到了南非，在那里一直生活到1914年，针对印度人所受的种族歧视发起抗议。甘地的宗教倾向越来越强烈，他用一种叫作"非暴力不合作"或称"真理力量"的理想来描述自己的观点，在实际行动中，它涉及对压迫和不公正法律的非暴力抵抗、自我牺牲，以及抵抗者对痛苦的接受。从1915年回到印度开始，他的非暴力不合作政策包括罢工、抵制税收、禁食和游行，最终导致了"退出印度"运动的发生（1942年）。1948年，甘地在德里被一名年轻的印度教狂热分子暗杀。

不是所谓的"乌托邦"。尽管人们致力于将乌托邦的定义概括为对更加美好的生活的向往，并且这一概念一直被用于证明乌托邦意义的普遍性，但是那种渴望改善的愿望本身并不是"乌托邦"。[24]被视为对来世的救赎和对今生完美性的追求的宗教应当从原则上与乌托邦的追求区分开来。似乎可以用对过去的理想化描述来对乌托邦概念做出解释，这一概念也更符合乌托邦发展的方向。根据这一观点，乌托邦并非根植于基督教，也非以任何天堂观念为基础，而是建立在一种财产和社会的概念基础上，它的实质是一种特殊的公有制结构，需要通过限制不平等、贪婪和不公正等现象来避免贫困和经济上的不景气。由此看来，许多前现代社会已经占有许多乌托邦元素。如果从这种视角而非怀揣渴望改善的普遍愿望来看，乌托邦无疑可以被视为一种全球性的构想。

4

第四章　一个被定义的流派

托马斯·莫尔的乌托邦

自托马斯·莫尔的《乌托邦》于1516年在比利时鲁汶以拉丁文首次出版以来（英语译本，1551年），托马斯·莫尔的乌托邦谜题就一直吸引着一代又一代的读者。著作的标题是两个词的双关语：eutopia——"好地方"和utopia——"没有的地方"（意大利语第一版的标题是Eutopia）。此书出版后，"乌托邦"这个词便成为天堂、理想、不切实际和无法实现等词语的代名词。约翰·罗斯金等名人将莫尔的作品描述为"或许是有史以来最恶作剧的书"[1]。但是，文本所建立的传统，或者至少是被文本重新诠释的传统，事实上并不是完美社会的代表，而只是一个经过彻底改善后的社会。这意味着，无论建立多么伟大的秩序以及多么完备的道德（主要是通过强制手段来执行平等和财产共有制），人类的行为都不会被描绘为如此根本的、令人难以置信的改进。因此，乌托邦只能约束罪恶而不能抹杀或杜绝罪恶。它承认罪恶，但它拒斥衰败和道德沦丧的可能。正如莫尔所描绘的，即使罪犯佩戴的枷锁由黄金制成，犯罪和罪犯的存在仍然是个事实。按照这种理解，"乌托邦"并不是关于完美性的，如已经进行过的讨论，完美性可以划归为一个准神学的类别，属于千禧年主义和其他想象的或理想社会的子类型代表。乌托邦仍然是可以实现的，在某种意义上确实已经实现，尽管它所付出的是许多人不愿付出的代价。[2]

《乌托邦》的叙事是三个人之间的对话——"莫尔"本人，他的朋友彼得·贾尔斯和一位旅行者拉斐尔·希斯洛德（这个名字在希腊语中意指"胡说八道的人"）三方的谈话。希斯洛德不久前刚从探索新世界的旅行中归来，与意大利探险家亚美利哥·韦斯普奇在乌托邦岛上度过了五年时光。希斯洛德秉持着人类自然的善良和理性，认为可能规划出一个良性的社会。然而，讲述者和莫尔都对这种假想表现出疑惑、怀疑和讽刺。因此，书中莫尔的"真

> **托马斯·莫尔（1477—1535年）**
>
> 托马斯·莫尔是英国文艺复兴时期伟大的学者和人文主义者，也是他那个时代的主要政治人物，乌托邦思想史上的核心人物。他于1477年2月7日出生于伦敦，学习古典语言和法律，试图成为神职人员，在圣方济各会修士群体中生活了两年。1516年，他前往布鲁日执行外交任务，遇到了伊拉斯谟的朋友彼得·贾尔斯，两人在交流中产生了以对话形式创作《乌托邦》的设想。《乌托邦》是对穷人所遭受的日益增加的压迫的批判，莫尔对乌托邦生活的关键方面（如物质公有）提出了质疑，同时也对乌托邦能否真正实现或在彼时的英国能否实现保留了疑问。他后来撰写了《国王理查三世本纪》，但并没有完成，之后他成为国会议员，并于1529年成为大法官。虽然他是国王亨利八世亲密的伙伴，但亨利与阿拉贡的凯瑟琳离婚案引发了两人之间的嫌隙。最终，莫尔被判叛国罪，于1535年7月6日被斩首。

实"意图也受到了质疑，在脱离文本之后，许多读者仍不确定书中所述哪些是受推崇的，哪些是要讽刺的。

但是，《乌托邦》无疑对社会问题进行了批判。莫尔的文字所交代的直接背景是成千上万的农民流离失所，小农场为大规模的羊群让路。[3]失业人数增加，食品价格上涨，乡下的穷人被迫在农村中游荡乞讨。而那些富人和他们生活在城市里的家属则过着奢侈的生活，愈加懒惰，他们对穷人所施加的剥削和惩罚也越来越严酷，穷人试图变革的抵抗运动也遭到他们的镇压（有人也因流浪而入狱）。尤其随着赌博、妓院和酒馆的泛滥，富人们道德几近沦丧。莫尔对这样的事态发展显然觉得震惊，他指出"提供一些谋生手段会好得多，任何人都不应该产生那种可怕的想法，即先偷东西，然后为此而丢掉性命"[4]。问题的关键在于，莫尔是否有意将文中描述的社会和政治结构作为现实问题的解决方案，或者他是否认为这样的解决方案是无法实现的，抑或他是否认为英国的弊病是不可救药的。这些模棱两可的、有待选择的问题困扰了几代读者。

希斯洛德讲述了一个新发现——一个非比寻常的，宽约200英里（约320千米）的新月形岛屿共和国。大约1700年前，共和国由征服者国王乌托普（Utopus）建立，按照自然生活的原则，展现了"共同财富的最佳状态"。人口平均分布在全国的五十四个城邦，"所有城邦建筑都宽敞而宏伟，语言、传统、习俗和法律几近相同"，并且"在布局和任何其他地方都相似，只要地面环境允许，外观甚至也相似"[5]。人们分散在步行不超过一天的距离内。

乌托邦的城市在设计和外观上都是一致的。平顶的房屋用石头或砖砌成，高三层，平房后面是树木茂密的花园。培植花园是乌托邦人最大的一项乐趣。此后，花园作为乌托邦空间的意象会变得越来越强大。单个家庭不允许积累财富，他们的房屋每十年要进行一次交换，以抽签的方式进行交换。他们的城市街道宽阔，城市被分割成四个区，每个区都有自己的商店、市场、会议厅和医院，为居民提供免费的公共医疗保健。他们的首都亚马乌罗提城（可以看出来是以伦敦城为蓝本的）是加固过的。

在城市中，家庭里最年长的人负责整个乌托邦家庭的管理。每个家庭都可以从公共仓库取走他们所需的任何物品。实行共餐制，每个食堂可容纳三十个家庭就餐：虽然私人用餐也是被允许的，但通常质量会较差。家庭中的妇女会在奴隶的帮助下做饭，做好饭等待丈夫回家。孩子们也会给他们的父母搭把手。食堂在用餐时间会播放音乐，人们也可以交谈，饭后会安排游戏和阅读。

乌托邦实行集中的经济体制。所有公民都从事农业生产，每人还要另外学习一种技能（通常是毛织、纺麻、冶炼或木工）。尽管可以改变职业，但是大多数人都会接着父辈的行业继续工作。妇女通常从事比较轻松的工作。工作日的工作时间为六小时，会留出比较充裕的闲暇时间。城市中的产品会被运往四个市场中的一个进行销售。他们的农场中大约有四十名劳动者（和两名农奴或奴隶），这些劳动者来自城市，轮流在这里服役，服役期为两年。那些愿意享受农村生活的人可能会待得更久一点。（莫尔并没有强调城市生活会比乡村生活更优越。）每个农场每年都会派代表到城市去学习最新的农业技术。为了应对饥荒，他们会用公共财政开支保障足够两年的粮食供应。他们实行平等分配，确保每个人都能获得充足的物资。收获时节，市民从城市中来到田间收获庄稼。农场通常有多余的谷物和牛，这些谷物和牛被赠送出去，不用交换，就像城市所需的物品是免费提供的一样。出口食品中的七分之一是为接收国的穷人预留的。相比中世纪的"价格公平"观念、限制高利贷的做法乃至以贪婪为耻的观念和抑商政策，这种市场规则已然实现突破，但还不至于（高深到）难以理解，也不至于极端可笑。他们与后代以及与我们之间想象性的距离，相应地要大得多。尽管如此，莫尔同时代的大多数人仍认为，作为一项普遍原则，财产共有只适用于堕落之前的人类。

乌托邦的政治体制本质上是民主的。农场由一个男主人和一个女主人共同管理，"思想稳健，持重多年"。每年都会从几户人家中选出一个官员——一个"飞拉哈"，主要任务是对闲散行为进行约束。一位"特朗尼菩域（首席'飞拉哈'）"统领十位这样的地方官员，首席"飞拉哈"也是每年一选，一般情况下不会被免职。一个城市每年都会有三位公民到亚马乌罗提城去参加那里的审议大会。

希斯洛德和莫尔都认同最好的统治方式是柏拉图的哲人王统治。可是，乌托邦并不是暴政：它的领导人是为人民服务的，而非独裁；共和的美德占据上风，自由的损失十分有限。共有200名地方官以无记名方式进行投票，从提名的4名候选人中选出其中一位，被选中的候选人被认为"最能胜任"州长职务。除非被怀疑施行了暴政，要求缩短任期，他的任职一般是终身的——在他面前只有一捆谷物来表示他的职务。很大程度上，政府的职责是负责将一些地区盈余的物资转运到那些物资短缺的地区。

乌托邦的法律程序很简单。审判是法官和案件当事人之间的事情；根本不存在律师。赌博是被禁止的。尽管国内护照制度会对旅行许可加以约束，但是护照通常十分容易获批，如果居民在任何地方停留超过一天，就会被要求工作。未经允许而随意游荡会受到惩罚。他们会对企图篡夺权力的人执行死刑，但通常情况下重罚也仅限于奴役。奴隶们会被要求从事一些繁重的劳动以及执行特殊的任务，比如他们会被要求去做乌托邦人感到厌恶的屠宰动物的活计。

乌托邦社会是有序的。政府工作的核心就是将市民生活置于工作之上，并确保"尽可能少地将时间花费在身体的照料上，将更多精力奉献给人类的思想自由和文明"[6]。富有教育意义的文娱活动，如公共讲座，通常要占去每天的几个小时。物品虽然有剩余，却有很多是不为人所知的。"虚荣和过剩的"工艺品被认为"只养肥了奢侈和淫乱"，而这在"金钱可以衡量一切"的社会中显得尤为明显。[7]他们的衣服简单耐用，只在已婚和未婚人士之间有些不同。他们工作时的衣服是一套皮革的羊毛斗篷。乌托邦人不会以"通过展示富余财产的方式来显示自己胜过别人"，也不会"授予富人以神圣的荣誉"。世俗的行为在（这个）想象的虚构国家里是完全陌生的。[8]

女孩18岁可以出嫁，男孩22岁可以成家。伴侣可以在婚前察看另一半的裸体，检查对方是否有异常。离婚是允许的，但通奸是不被允许的，作为惩罚会受到最严厉的奴役。没有子女的夫妇可以领养那些多个孩子的家庭中的小孩，新的殖民地完全消除了人口过剩的压力。在这里，柏拉图有关统治阶层共妻的方案显然没有被采纳。

按照乌托邦哲学，快乐是"人类幸福的全部或主要组成部分"。追逐快乐受到禁止奢侈和自我放纵的宗教禁令的约束，这些禁令将享乐的愿望限制在"善良而得体"的范围内。宗教活动一般具有私人性的特点，并且存在着不同的教派，但更极端的是致力于艰苦劳动的多数人。在那里，所有人都敬拜共同的神密特拉，所有人都相信灵魂不朽。乌托邦中的妇女可以成为教士。古典学知识，尤其是希腊哲学和历史学方面已经十分健全。公立的医院、丰富的基本餐食，以及相对自由的行动似乎保证了基本的需求。据说，人们"随和、好脾气、聪明、喜爱休闲"。为此，人们要付出的代价似乎是对罪恶行为的摒弃。

第四章 一个被定义的流派

> ……没有任何借口可以逃避工作——没有酒店，没有酒馆，没有随处可见的妓院，没有腐败的机会，没有潜在的窟窿，没有秘密的聚会场所。相反，在所有人的注目下，人们要么做寻常的工作，要么不失体面地享受自己的闲暇时光。[9]

乌托邦中存在一种普遍的平等关系，国王是不囤积黄金的。这也不意味着那里是一个完美的社会。虽然犯罪率极低，懒惰和对奢侈的渴望也不明显，但这些现象也确确实实存在。虽然受到限制，但奴隶制对于乌托邦的安定仍是至关重要的。乌托邦的战争时有爆发，原因是要将其他国家的暴政推翻（事实上，诛杀暴君是受到鼓励的）。如果乌托邦人口增长过快，一部分人就会被派往附近的大陆，在那里建立乌托邦殖民地。"他们建立殖民地后，如果原住民拒绝遵守他们的法律，乌托邦人就会将他们赶走。原住民如果进行反抗，他们就会对其宣战。"乌托邦人认为"如果一个民族不充分利用自己的土地，随意将其闲置和浪费，甚至不让其他人使用和占有，根据自然规则，只有通过战争来解决，这就是战争的正当理由"[10]。这种帝国主义的倾向可以视为乌托邦最重要的缺点之一：此类理由将在未来五个世纪中成为欧洲统治土著人的基础。[11]

我们该如何向回到这里探寻构建理想社会的答案的几代读者解释这一核心的、具有定论性质的文本呢？莫尔的乌托邦显然是为了与当时的英国形成对比，当时的圈地运动造成了普遍的失业和社会动荡。这是一篇批评的文字吗？一份秘诀？一首挽歌？还是一部讽刺作品？在《乌托邦》中，没有任何一个叙事视角被赋予更多的权威。这不禁使读者注意到所有涉及的视角。当希斯洛德建议所有国家采用乌托邦人的统治方式时，我们对他热情洋溢且智慧的想法仍保有疑问；相对于希斯洛德，冷静的莫尔看上去更像是激进的理想主义的纠正者。因此，当希斯洛德坚定地认为只有共产主义才能使正义和幸福蓬勃发展时，莫尔冷静地回应道，如果没有对个人利益的渴望，人人会变得十分懒惰。一些评论家赞同这是莫尔对乌托邦体制最具说服力的异见。[12]我们相信彼得·贾尔斯，他告诉我们，"没有人会不喜欢受欺骗"[13]。然而，即便乌托邦式联邦有可能是"最好的国家"，也不意味着它可以被所有人接纳。归根结底，是乌托邦人的行为方式适应了他们的宪法，才使他们的宪法行得通。即使乌托邦人信奉更纯粹的基督教，即使他们的行为看上去比大多数人更合理，莫尔还是把乌托邦人描绘成异教徒的样子。那么，莫尔是否认为他同时代的人具备这样的表现水准呢？他意识到，"傲慢在人们心中根深蒂固，难以拔除"，尽管乌托邦式的联邦毫无疑问是人们所向往的，但是在其他任何地方复制这种制度仍然难度很大。[14]《乌托邦》的最后几行是莫尔的渴望，如果说有些惆怅，也是值得反思的。尽管他不能同意所有说过的事，但"我欣然承认，于我而言，比起让乌托邦联邦的许多要素变为现实，它们在我们国家只停留在希望层面，似乎要更加容易一些"[15]。

《乌托邦》中所讨论的核心是贫困问题，以及它如何解决。可以比较肯定地说，莫尔在其中深刻地表达了他的个人关切。正如那些重要的解释者所强调的，《乌托邦》显然得益于人文主义传统向基督教王子提出道德建议的例子。在自我管理或公共管理能力受到怀疑的地方，严厉的惩罚从来不是新鲜事物。例如，在约翰·埃伯莱因·冯·金茨堡的《沃尔法利亚》（1521年）中，醉汉要被扔进水中淹死，通奸者要被公开处决。[16]这里的关键不是莫尔所表现的同情心，而是他明确提出了问题的解决方案："共同的生活和生计——没有任何金钱交易"——一种他认为存在于世界上最原始的地方的实践，尤其指在美洲。莫尔还与基督教的公有制传统联系起来。他的朋友伊拉斯谟（阅读过最早的拉丁文《乌托邦》手稿）了解韦尔多派和其他的中世纪共产主义实验。托马斯·闵采尔了解柏拉图，《乌托邦》也被再洗礼派讨论过。19世纪的共产主义者，如卡尔·考茨基，也认识到他们近代早期的前辈与他们自己的运动，特别是1871年的巴黎公社，存在诸多联系。他们认为，莫尔的"社会主义令其不朽"[17]，因为他怀有一种美德——认为平等是一个良好国家的基础。可是，莫尔也成了天主教的圣人，对其东正教解释者来说，他们属于异端。

《乌托邦》时常被视为典型的"人文主义"作品。一种观点认为，莫尔的"对被剥削的穷人不该有的同情"得到了一种人文主义回应的平衡，即可以通过人自身的努力来改善他们的困难状况，从而创造出"可能存在于人世间的最美好的一种国家，犹如世界末日般的愿景——乌托邦"[18]。在这种观点中，《乌托邦》无疑反映出文艺复兴时期

《乌托邦》中所讨论的核心是贫困问题,以及它如何解决。

_____

理想城邦的复兴。[19]但如果是这样,这部作品为什么会有开玩笑和反讽的味道?如果感觉不错的话,莫尔可能仍然不相信人们可以彻底改变自己的行为来实践乌托邦的规范:毕竟,耶稣的榜样作用并不足以让所有人都成为好的基督徒。

那么,《乌托邦》确实描绘了一幅最好的生活图景,尽管莫尔认为它未必是大多数人所能效仿的一种生活。从根本上讲,该书既不是严肃的社会批评,也未能提供具体的问题解决之道,而只能算作一个具有讽刺意味的智力游戏,那么它的期望何在?是在来世吗?如果普鲁塔克、柏拉图、基督教公有制和美洲本土风俗提供了乌托邦的实质,那么亚里士多德学派以及其他有关共产主义可行性的评判不是很具有说服力吗?柏拉图的共产主义只能视为精英主义;基督教也是以其信众(门徒)圈子为界限的。乌托邦共产主义是普遍的。莫尔是否打算将其作为一种潜在的可以接受的规范呢?伊拉斯谟认为乌托邦是所有基督徒都应该模仿的"神圣的联邦"。莫尔还把《乌托邦》视为一项基于友谊的社会运作的理论探索。基于这一观点,这部著作就是为一些僧侣和一些柏拉图式的理想和做法所进行的辩护，而非一种在全国范围内超出任何道德层面的推广。评论家大都认为，莫尔的《乌托邦》中所称赞的泛化的共产主义只适用于一个受到恩典的国家。有关社会问题的所谓的道德答案并不能提供正确的社会和经济答案。怜悯和慈善只适用于今生，完全意义上的幸福则是来世的事情。莫尔成了一位伟大的天主教徒，而非像卡尔·考茨基那样成为一个伟大的共产主义者。[20]然而，这种解释并不适用于所有读者。像《乌托邦》本身一样，莫尔也是一个神秘的、令人困惑的作家，文字中充满暗示，含糊不清，有时指向怀疑，却也指向承诺、希望和信仰。关于他的争论还在继续……但他的观点所产生的巨大的动人影响，则是无可争议的。

5

第五章 天堂的发现?
发现新世界和远方的旅行

所有旅行者都深知,一次有意义的旅行内涵是丰富的,包括幻想、期待以及对新鲜事物的探索。探险者和书商所关注的话题也无出其右者,越是异域风情,人们的兴致就越高涨。直到十分晚近的时期,欧洲人眼中的已知世界仍然是被施了魔法的,那里居住着众神、精灵、仙女、矮妖、巨怪、自然之灵和传说中的生物。这些事物不仅预示着未知的恐惧,偶尔还会像彩虹尽头的金匣子一般,在世间到处许下祝福的承诺。未知世界总会让人对奇迹产生幻想、无数的预测和想象。神话般的、美妙非凡的虚构的旅行,就像真实的旅行一样古老。通常情况下,我们不能在宗教叙事与传说、幻想、水手传奇和彻头彻尾的谎言之间做出明确的区分。[1]朝圣者在中世纪旅行者中占比很大，朝圣者们满怀期待和想象踏上旅途，他们相信到达圣地以及在去往圣地的途中，美好都会与他们邂逅。许多人仍然认为，伊甸园在地球上某个地方是确实存在的，等待被重新发现。

人们还会继续猜想，在遥远的未知之地可能不会有类似于人类的生物存在。因此，反乌托邦式的空间也这样默默隐藏于假想的地图中，给那些不够谨慎的旅行者带来危险。约翰·曼德维尔爵士的《环游记》创作于14世纪中叶，出版于1499年，是一部早期旅行的集合，这本书记录了一些奇异：人的眼睛长在肩膀上，人用双手走路，人有大到足以遮阳的脚却只有一只。[2]9世纪的《怪物册》（*Book of Diverse Types of Monsters*）描述了埃及一座岛屿上的无头生物，它们的感官附着在身体上。这些怪物和"怪物生活的地方"，如沙夫茨伯里伯爵后来所说，是几个世纪里游记叙事的主要内容。

17世纪中叶，法国作家尼古拉斯·佩罗·德·阿伯兰库描述了一个动物王国，它由凤凰统治，狮子和老虎当士兵。同一时期，蒙庞西耶公爵夫人的作品《假想岛描述》（1659年）描绘了一个由灵缇犬统治，狐狸、狮子、猴子辅佐治理的王国。玛格丽特·卡文迪什的作品《燃烧的世界》（1666年）描述了一个动物和人的容貌混合的岛屿国家。加布里埃尔·德·福尼《未知的南方大陆上的一个新发现》（1676年；英译本，1693年）描述了猿形人；尼古拉·雷蒂夫·德·拉布勒托纳的作品《被发现的澳大利亚》（1781年）描述了熊人、猿人和水獭人。查尔斯·德·菲厄·穆伊的作品《拉梅基斯》（1735年）描述了一个名为特里索尔迪的地下城，那里居住着蠕虫人，他们采集世界上珍贵的矿产。16世纪的法国传说讲述了一个奇妙的岛屿，那里居住着猿人、人马、长满眼睛和耳朵的生物以及其他奇形怪状的生物。传说中的独角兽只能被清纯少女驯服，独角兽的角因具有魔力而闻名，许多探险家因而着迷。因此，动物世界也蕴含着乌托邦的属性。

当地理大发现的时代正式开启时，人们并没有忘记那些奇异神话。相反，新世界和乌托邦均成了欧洲幻想的载体。美洲大陆被发现之前，大西洋上到处分布着神话传说记载的真实和虚构的地方。大约公元前1000年，北欧人以为他们在文兰遇上了当地土著人，净是些巨怪或超自然物怜悯和慈善只适用于今生,完全意义上的幸福则是来世的事情。

_____

（教会禁止他们与其接触）。凯尔特人猜测阿瓦隆岛，即"苹果岛"，是大西洋外的一个王国，那里的居民过着没有死亡，也没有恐惧和痛苦的生活。巴西以前是一个名为"布雷萨尔"的岛屿，早在5世纪就被发现。不久以后，据说圣·布兰登开始探寻一处被称作圣徒希望之所在的人间乐土。1100年前后，流传着一座极其宜人肥沃的幸运岛，很可能是今天的加那利。1367年，一张地图标示出了美洲海岸边的梦幻岛。

世界上还有其他相似的地方。亚马孙古陆据说位于里海附近，在14世纪的作品《曼德维尔游记》中，那里曾经居住着令人敬畏的女战士，她们每年只在一个特定的节日里繁衍后代，之后便将男性驱逐出领土。曼德维尔还描述了东顿岛，那里有一群眼睛长在肩膀上的无头人，他们被认为是由女人与恶魔结合而生；曼德维尔还提到了彭蒂克索，那里的皇宫由黄金和最贵重的宝石装饰。他也暗示，在世界的最高处存在着"俗世乐土"，在那里有一口井，是所有河流的发源地。

16世纪早期，据说在法兰西有一个广阔的基督教王国安塔吉尔，它的边界能抵达印度洋南边，人们认为那是一个富有的民主国家。那里只有贵族女孩可以接受教育。再往东，是流传于12世纪的一片传奇大陆，它属于大名鼎鼎的基督教统治者祭司王约翰，也是所谓的中世纪"印地皇帝"。13世纪，马叮·波罗记录了蒙古人建立的元朝（他的记录可能是虚构的），对它的功绩大加赞扬，激发起人们极大的兴趣。此外，大约16世纪，旅行者推测金银岛附近坐落着一个以富裕著称的日本岛屿，17世纪早期阿贝尔·塔斯曼对这座岛屿展开了探索。再往南，越来越多的人猜测有一片广阔的大陆——大南岛，17世纪晚期被称作纽荷兰和南方大陆。尽管没有传说中的金银财宝，但有些人认为那里居住着以色列消失的十支派，亚特兰蒂斯人和斐济传奇中流亡的非洲人。人们还有一些关于沉没大陆的猜测，如西兰洲。

现代旅行时代到来之前，地理大发现及其之后的殖民时期，探险家的航行是沿着传说中的路线进行的。此后，想象中的世界逐渐淡出人们的视线，人类学逐步成为关注的焦点。理查德·哈克卢特的著作《英格兰民族重要的航海、航行和探索》出版时，科学和经济利益正成为人们探索世界的主要动力。著名的克里斯托弗·哥伦布，是一个着迷于基督教和黄金的人（尽管似乎在其人生早期，他对黄金更感兴趣），他开启对新世界的航行时，可能只是为了寻找香料。他也相信所罗门王负有盛名的矿藏位于巴拿马附近。他认为自己从圣灵中得到启发并且要去完成古老预言所赋予的使命。[3]哥伦布也了解柏拉图关于亚特兰蒂斯的一些描述。

当哥伦布第一次登上新大陆时，他认为那里所拥有是世界上最好的人和土地。[4]随后，人们便更加关注哥伦布的探索与发现。1498年，在一封关于自己的第三次航行的信中，哥伦布宣称自己已经找到了人间天堂的所在地（韦斯普奇也认为它位于新大陆）。在那里，他遇到了一条甜水河（奥里诺科河），如果未获得上帝应允，谁也不敢进入河流之中。（胡安·庞塞·德·莱昂之后探寻了位于如今佛罗里达的不老泉；17世纪，安东尼奥·德·莱昂·皮内诺也试图证实哥伦布在《新世界的天堂》中的说法。）

新大陆上的原住民被哥伦布"发现"——然而，站在原住民的角度，他们认为这些西班牙人是自天而降——不久后就成为欧洲探险家的研究对象。[5]很多探险者认为，这些原住民与曾经逝去的黄金时代中的原住民十分类似。哥

第五章 天堂的发现？

伦布描述道："他们是一个很温和的种族，没有任何邪恶的念头；他们不杀人，不偷窃，不携带武器，视黄金为身外之物，只将其用于制作装饰品。"[6]（罗马作家塔西陀对古日耳曼人对待贵金属的轻蔑态度也有类似记载。[7]）但是，人们在一开始便有很多疑虑。作为征服者，他们想知道，这些非基督徒拥有何种美德？当然也有一些人单纯地认为他们十分凶恶，"愚蠢而又无知"，不尊重公正和事实，只是简单地利益互换。[8]不久之后，人们还发现原住民中有食人族。此外，当地人不可避免地发现自己已经陷入迅速堕落的循环，他们不再维持原始的纯真，转而皈依基督教。为此，他们付出的代价是财产和生命。除了民族起源和原始纯真的问题，他们十分迅速地建立起黄金储备，以此来诠释欧洲入侵的目的。哥伦布写到，黄金是"所有商品中最珍贵的"且"持有黄金的人能拥有世界上所有其需要的东西，包括从炼狱中拯救灵魂送回到快乐的天堂的方法"[9]。最具讽刺意味的是，最近发现的黄金时代中的人们对黄金的关注度几乎可以忽略不计，这一点变得越来越明显。

于是，我们既可说是发现了新世界，也可说是发明了新世界，由此，将哥伦布视为现代性的发明者也是不错的。[10]哥伦布之后，16—17世纪的许多投机主义者一直想搞清楚美洲的原住民是否早在亚当诞生以前就已经由上帝单独创造（一种后来被称为"多源发生说"的学说）；或是他们种族的居住环境更符合上帝对人类的期望；或是他们起源于犹太人或者亚特兰蒂斯人。最早的对于他们生活方式的记录——确实是新世界的第一部历史（1504年，早在1493年就编译了）——是一个认识哥伦布的人写的，他是意大利人，名字叫彼得·马蒂尔·安格里乌斯。[11]那篇记录描述原住民存在于"黄金时代"，"在他们那儿，土地属于每一个人，就像阳光和水一样。他们不知道'我'与'你'这个万恶之源之间的区别"。[12]托马斯·莫尔很可能知道这篇记录。[13]无疑，他在《乌托邦》中进行的富有想象的远行与瓦斯普契对他在1497年至1504年间去往美洲的四次航行记录（它本身至少有一部分是后来编造的）息息相关。莫尔很认真地读了那篇记录，记录描述了一个财产公有的族群，族群中没有贸易，没有买卖，族人把贵金属看得一文不值，族人中的每个人都是自己的主人。（随后的叙述表明他们的评价并不算好，起码材料只能说明是这样的——他们没有收集到足够数量的贵金属，所以经常激怒

> **克里斯托弗·哥伦布（1451—1506年）**
>
> 意大利航海家和美洲的探索者，为了寻找"新世界"进行了四次远航。1492年，他到达圣萨尔瓦多岛、古巴和海地，1504年，他在洪都拉斯和尼加拉瓜登陆。（1493至1496年间，他到达瓜德罗普岛、蒙特塞拉特岛、安提瓜、波多黎各和牙买加，1498年，他抵达特立尼达拉岛和南美大陆。）哥伦布出生于热那亚，从小就对大海情有独钟，一度以制图师的身份受雇于葡萄牙。他相信向西可寻找到一条道路通往香料富足的印度，并在西班牙的费迪南德和伊莎贝拉的支持下向着心目中的印度起航了。他是一位虔诚的宗教信徒，并将他的划时代之旅与《圣经》预言以及上帝的积极旨意联系起来，他认为上帝指定他通过影响所有非基督徒皈依的方式来拯救人类，这预示着基督的第二次降临。最终，他卷入了与西班牙殖民统治者的纠纷，并死于贫困。

那些征服者。[14]）赫克斯特认为这样的描述是激发莫尔想象力的一次"决定性的飞跃"[15]。并且，这样的情境叙述在以后的时代中得到了运用。米歇尔·德·蒙田也相信美洲的黄金时代比吕库古或柏拉图所描述的更为生动。他的文章《食人族》（约1580年）描述的是靠近巴西的一块陆地，那里显然最近才有人居住，他们不需要法律和文明来维持社会。各家族和谐地生活在公共的房子里，分享食物，尽管他们食人，或吃人肉，这些原住民依然比欧洲人更好。这给了莎士比亚很深刻的印象，他把这一想法融入了《暴风雨》的创作。

然而，对于新世界的原住民社会是如何组织起来的，以及他们的民族个性，尚没有确凿一致的信息。韦斯普奇所描述的某些版本中，无论男人还是女人都极度贪婪，罔顾法律，每个人都自称是"自己的主人"[16]，他们生活在一个想象的自由的原始环境中，被认为极端邪恶和野蛮。在莫尔的《乌托邦》写成后十四年，秘鲁的印加文明才被欧洲人发现，它给人们提供了一种十分不一样的社会模式，这种模式与莫尔所描述的社会存在着种种联系。加尔西拉索·德·拉·维加在《印卡王室述评》中描述了一个更为复杂、高度规范化的秩序井然的社会，那里实行父权统治，有一套高效的国家组织模式。这一模式被后来的许多乌托邦作品所采用。那里的人们对贝壳和宝石十分珍视，但认为贵金属在很大程度上是"多余的"，因为贵金属并未被当作货币使用。国家给每户分配足够的土地以维持生

第五章 天堂的发现？

计。[17]佩德罗·皮萨罗和其他人描述了印加社会的组织方式，包括劳动力配额合理，社会监管完善，以及对生病和老人的周到照顾。[18]印加统治者可以使用黄金，主要用于装饰，普通民众无权使用。后来的作家，威廉·普雷斯科特等，补充强调说他们几乎没有财产或贸易，也几乎不需要法律，印加"土地法"比吕库古法令更为全面且有效。农民占据印加社会的大部分，还有一小部分成为工匠。政府岗位采用轮调制，每个人都可维持自己的家庭生计。国家的贫困救助是慷慨的，包括衣物供给。[19]

在美洲其他地方，墨西哥阿兹特克人的部落财产按照部族进行划分。他们不使用货币，也不认为黄金有什么价值。玛雅人也与莫尔存在着某些联系。[20]1516年，《乌托邦》出版后，新世界开始了一些实验，试图将书中的设想运用于本土的生活。在跟随西班牙探险家埃尔南·科尔特斯前往墨西哥的人群中，有一位方济各会修道士门迭塔，他认为印度社会（他认为本源上是犹太人）知足常乐的特质，预示着一个欧洲基督教的黄金时代的重新来临。在那个时代中，我们可以像在人间的天堂一样，过着高尚和平的生活，侍奉上帝。[21]17、18世纪，在巴拉圭进行的耶稣会传教实验（伏尔泰将其比作吕库古的斯巴达）中，西班牙人对瓜拉尼社会中缺乏私有财产的现象颇为不满，他们尝试将私有制引入当时的社会。然而对瓜拉尼人来说，公共财产仍然很重要，"私有"土地不可继承，大多数印第安人也不会使用钱，他们仍然享受着"半田园式，半修道院式"的生活。[22] 耶稣会士不贪求黄金，也不奴役这里的居民，当地居民不十分敏感的财产观念基本没有受到干扰。最终，他们还是被驱赶离开了他们的家园，他们的文明在短短两年时间内就被摧毁了。像新世界的其他地方一样，这里一度被发现的乌托邦在短时间内消失了，或者被毁灭了。

这样的记载也可以说明，在英国人莫尔写出《乌托邦》之前西班牙人就已开始进行类似乌托邦的记载，并且他们中的一些人相信，类似乌托邦的东西或其侧面在"新世界"以及其他地方存在。后来的探险家对新世界的描述也没有从根本上改变人们先前的看法，《乌托邦》的出现强化了这种看法。因此，"乌托邦"在变为"无处"之前是有所指的，在上升为虚构之前是作为真实的实体而存在的。按照这种说法，"文明"的欧洲人能否仿造乌托邦？

抑或他们已然堕落得过于厉害而无法接受那样的可能性？当然，在某种程度上，评论这些描述是否真实并不那么重要，重要的是人们认为它们是真实的，并在这一认识下开展行动。然而，我们已经见识到，有可靠的证据表明，原始的或者复杂的乌托邦社会都是存在过的。他们这些乌托邦社会的成功是缘于道法自然，还是凭靠健全的法制呢？如果果真是崇高的，那么令人匪夷所思的是，这样的社会怎么可能是非基督教的呢？他们怎能愿意将黄金拱手交出呢？对于最勇敢，当然也是最贪婪的探险者来说，这里无疑有做出最富有成效的推测的空间。

黄金和纯真是美洲神话的两个方面，最终黄金成为主导。殖民者对贵金属的欲望，对印加、阿兹特克等古国宝藏的欲望，对战胜和统治的欲望，以及主导东部贸易路线的欲望结合在一起，推动着他们探寻传说中的马诺阿城市，埃尔多拉多（"黄金王国"）的首府。拥有白色皮肤就意味着拥有行使自由的权利，贪婪立即煽动了近乎无限的掠夺，就像在后来的许多帝国中，恐怖的阴霾难以褪去。

巴托洛梅奥·德·拉斯卡萨斯、瓦斯科·德·基罗加等人以开明和人道的方法来管理当地人，希望将他们塑造成原始的基督徒[23]，但收效甚微。他们无法阻止大规模的死亡，死因部分是谋杀，部分是自杀，更多是征服带来的疫病。哥伦布1492年首次抵达后的20年，加勒比原住民人口由原来的200万至800万（估计值会有所不同）减少到只有10万人。（当地人也开始拒绝生育，以免沦为奴隶。）

然而，18、19世纪的太平洋地区是道德纯洁、接近原始自然状态的象征，美洲也一样：那里居住着未开化的原住民，他们比他们"文明的"后辈更能与环境和谐共生。"一开始全世界都是美洲"，约翰·洛克在 1690 年写道[24]，其后的几代人都在争论这是否意味着一种原始而宁静的共存条件，或者如托马斯·霍布斯所论述的，在一部分人对另外一部分人的战争，为争夺资源而爆发的激烈争夺战争中，魔鬼将有色的落后人种带走了。尽管如此，道德比喻仍长期持续流行并被人们讽刺。伏尔泰在著名的讽刺作品《老实人》（1759年）中对埃尔多拉多的描绘强调了王国理想的宗教层面——那里所有的牧师都和谐相处，并从事虔诚而长久的宗教崇拜。在他所处的充斥着普遍战争和暴力的特殊时代，这篇文章只是他揭露人类悲伤、愚蠢和罪恶的一个例子。

就这样，新世界的诸多帝国与乌托邦和反乌托邦的理想在多个层面上相互交织。当然，对于欧洲人来说是乌托邦的，对于被征服的土著及其后继者——从非洲贩卖来的奴隶来说，通常是反乌托邦的。莫尔笔下所谓的乌托邦主义者同时又是狂热的帝国主义者，正如国家是一个"想象的共同体"[25]，帝国概念可以视为乌托邦的一个分支。从某种意义上说，乌托邦发展了秩序的理想，这一理想的基础是人们不认为政府可以发挥大的作用，甚至不会发挥作用。帝国概念又强加了一系列对国民的特别要求——其中最重要的是基督教和商业——使其更符合"文明"的范畴。15世纪末到20世纪的帝国概念通常涉及对征服国美德的放大和对被征服国恶习的夸大，这是欧洲领土的肆意扩张带来的。到17世纪初，北美殖民地如弗吉尼亚州，被人们寄予了太平盛世、田园牧歌以及其他快速致富的期望。宗教迫害在17世纪驱使数以千计的新教徒离开欧洲，他们标榜北美是希望之地或"山上之城"，那些"选民"注定要战胜他们的敌人。正如约翰·艾略特在《基督教联邦》（1659年）中所证明的那样，当地人或移民中对神的统治的希望往往迅速破灭。一个世纪之后，这种目光将转向亚当地理大发现的时代正式开启时，人们并没有忘记那些奇异神话。相反，新世界和乌托邦均成了欧洲幻想的载体。

洲。在一些情况下，英属印度等殖民地的大量土地所有权和/或管理权被纳入帝国管辖范围内。一些后来的乌托邦，包括路易-塞巴斯蒂安·梅西耶的乌托邦，随之宣布在未来放弃帝国的形式。[26]大多数情况下，新世界黄金的时代选择给黄金时代让路，这一过程中并没有欧洲人反对。

然而，真正的探险航行并没有从任何层面上去抢幻想航行的风头。事实上，公众对真实的探险以及乌托邦式的航行都充满了好奇，他们对于二者的胃口都是无限的。随着实地探索在17世纪迅猛发展，乌托邦式的幻想探险的目的地也前所未有地广泛起来。这一时期虚构的航行作品包括亨利·舒滕的《长发巨人与南海二岛行纪》（1671年），其中所写的本甘加岛由一个巨型恶魔崇拜者组织的君主专制统治；约书亚·巴恩斯的《杰拉尼亚：一个小人物的新发现》（1675年），描述了一个侏儒将感情寄托于一种田园牧歌般的简朴。阿芙拉·贝恩广受好评的作品《奥鲁诺克》（1688年）以苏里南为背景，将反对奴隶制的主题与精心设计的"未开化的原始人"理想融为一体。法国作家福尼的《南方未知大陆上的一个新发现》（1676年）是以澳大利亚为目的地所创作的早期虚构远航作品的代表。

18世纪初,据旅行者报道,北非海岸线附近有一个阿卜杜勒王国,那里流淌着一条能够治愈一切伤口的金色小溪。与此同时,乔治·普萨尔马纳扎在《福尔摩沙的历史和地理描述》(1704年)中创造了一种不存在的语言,这篇游记也是虚构的。詹姆斯·迪布迪厄(1719年)的《历险记》和《惊奇的拯救》讲述了一群欧洲人在天堂岛遭遇海难,受到当地人歧视的故事,岛上居民实行共妻和共产制度。也不是所有这样的制度都是令人向往的:18世纪,法语故事传说中有一座无聊之岛,岛上居住着攻击游客的有毒植物和动物。当地人也不总是友好的,库克船长就是探险家中现实受害者的代表。

这一时期,类似标准的范式已臻成熟:欧洲探险家或商人在风暴和海难中得以幸存,经历无数坎坷,最后奇迹般地获得救赎而成功逃脱。也并不是所有这些发现都出自道德更加高尚的民族。托马斯·阿图斯的《雌雄同体》(1605年)中,居民没有一丁点儿男子的气概,反而恶习缠身。人们可能已经注意到,单性恋是与早期的基督教教派有关的,包括亚当派。福尼曾描述了一个没有统治者、中央集权和不平等的雌雄同体的社会(所有单性儿童都会

第五章 天堂的发现? 113

被杀害)。社会的"荣耀"在"所有事物上都表现得一模一样"。与柏拉图的观念一致,孩子们接受共同的教育,以年龄划分。多人共餐,四人共寝。[27]另一部著名的著作德尼·维拉斯·达莱的《塞瓦兰人的历史》(1675年),也以南方大陆为背景,将单一海上航行叙述的细节与斯巴达和摩尔人的主题相结合。社会上的贵金属不能交易,除了装饰或用作器具外几乎没有价值。政府实行专制统治,却由民主选举产生。国家通过分配充足的食物来保证国民福利。儿童从七岁开始接受公共教育,平等受到全社会的高度关注。没有私有财产,实行共餐制,衣着整齐划一,劳动有条不紊。宗教宽容也被禁止。律师被允许,权力却受到严格限制。[28]弗朗索瓦·费奈隆的《特勒马科斯纪》(1699年)尽管以地中海为背景,却同样采用了一贯的主题,作者使用更为经典的资料描述印第安人来宣扬对奢华、野心和"文明"的普遍蔑视。作品中的居民主要是牧羊人,他们并不住在城市。

其他故事也采纳了古典乌托邦主题。赫劳根尼斯·莱皮在其《鞑靼之旅》(1689年)中发现了一块殖民地,由希腊哲学家后裔建立,法律仿效柏拉图城邦和原始基督教，保持财产共有制度。那里的居民生活极其节俭，身体却很健康。如同莫尔的乌托邦，那里的居民依年龄顺序经历相同的社会发展阶段，幼时接受教育，十八岁到三十岁时在田地里工作，三十岁以后返回城市生活，并通过公民大会参与国家治理。另一文学乌托邦弗朗西斯·李的《复兴的古代：或称阿斯特雷达的某个岛屿的政府》（1693年）推动着基督教回归原始纯净的父权制状态。那个时代最流行的所谓荒岛叙事中广受欢迎的是共和党人亨利·内维尔的《松树岛》（1668年）。这部充满幻想的著作讲述了海难后一个男人在四个"英俊"女人的帮助下生活在一处偏远岛屿上的故事，四个女人中的一个是黑人。男主人公活到九十四岁，去世时大约有两千名后代，男人维持家庭关系所依赖的是温和的基督教教义。那里没有暴政，但是，如果讲州长的坏话就会受到毒打和驱逐的惩罚。当时还出版了其他共产乌托邦的作品，包括《诺兰自由州》（1696年），是一部新哈灵顿主义的小册子，正如波考克、戴维斯等人所主张的，为了宪法的平衡，公民参与被提上日程。[29]大约与此同时，科学开始为乌托邦著作提供变体，弗朗西斯·培根的著作《新大西岛》引来了许多模仿。

6

第六章 笛福与斯威夫特的时代

荒岛讽刺文学

18世纪英国出版的两本书对乌托邦思想和写作产生了深远影响:丹尼尔·笛福的著名海难小说《鲁滨逊漂流记》(1719年)以及最为著名的乌托邦讽刺小说乔纳森·斯威夫特的《格列佛游记》(1726年)。两本书都被广泛地模仿,并衍生出新的文学子类型——鲁滨逊式故事和格列佛式故事。

笛福的《鲁滨逊漂流记》深受儿童和成人喜爱,一直是最受欢迎的奇幻小说。故事部分地由真实事迹改编,讲述了苏格兰水手亚历山大·赛尔柯克于1704—1709年间在智利附近胡安·费尔南德斯岛遭遇海难的经历。(今天此岛已更名为《鲁滨逊漂流记》所描述的岛。)这个故事从荷兰的一部叙事作品中汲取营养,即亨德里克·斯米克斯的反乌托邦模仿作《克林肯·凯斯梅斯王国》(1708年)。[1]

严格来说,《鲁滨逊漂流记》中的并不是一个真正的乌托邦,虽然受困的克鲁索在一个无人居住的小岛上建立了秩序,但是社会秩序重建——关键的、明确的乌托邦问题——在这里并不切题,即使是在引入克鲁索的男仆星期五之后。笛福的作品更接近于神话中黄金时代的田园牧歌和伊甸园式的静修隐居,而非井然有序的国家。这也是心理学意义上一种寻求救赎的约翰·班扬式的基督教传统,因为克鲁索秩序的关键在于他强加给自己的纯粹意志。然而,这部小说在有关虚构的航行的主题以及原始主义与道德的关系的体裁中占据绝对地位,成为乌托邦描述中绕不过的一部作品。做岛屿的"国王和领主"[2],拥有"与英国任何领主一样完整的遗产",是资产阶级个人主义者的终极乌托邦,也是一种反求诸己。克鲁索的想象体现在一种力量上,既要通过宗教皈依达到自我掌控,也要通过对工作伦理的集中运用,获得征服自然的力量。[3]对其后许多政治经济学家来说,这部小说是人类在上帝意旨指引下从自然状态进入私有财产和稳定政府所定义的有序社会的代表作

丹尼尔·笛福（约1660—1731年）

笛福以《鲁滨逊漂流记》（1719年）闻名，这是有史以来最具影响力和模仿性的沉船小说，对小说的发展产生了重大影响。笛福出生于伦敦克里普门，是一个屠夫的儿子。他成了一名袜子商人，四处游历，并参加了1685年的蒙默思叛乱。1703年，他因支持异教徒和讽刺攻击英国国教，特别是在《消灭不同教派的捷径》（1702年）中，而被短暂监禁。笛福是英国最高产的作家之一，其作品超过五百部。他之后的小说包括《辛格顿船长》（1720年）、《杰克上校》（1722年）、《摩尔·弗兰德斯》（1722年）、《瘟疫年纪事》（1722年）和《罗克萨娜》（1724年）。他于1731年4月26日逝世。

品。如果不是现代性这一主题本身，这本书权且只能勉强算是一个帝国的寓言。

《鲁滨逊漂流记》的故事是大多数读者所熟悉的。1659年9月，出生于约克的克鲁索离家出走，被困在加勒比海的特立尼达拉岛。幸亏他具备卓然的才智，以及在抢救船上物资时表现出来的超人能力，克鲁索总是可以在充满疑虑的时候克服困难，化险为夷——如果不是在与世隔绝的环境中。为了确保安全和资源充足,他必须精心安排自己的生活,这是他最大的烦恼。所幸的是,自然界一直对他很友好:瓜类、葡萄和其他食物应有尽有。当神意为其安排了一个男仆星期五时,他的祷告终于得到了回应。虔诚、忍耐与辛勤工作获得了回报,热带天堂成为大英帝国的一个缩影。克鲁索凌驾于他人之上的权力的设想,无疑使帝国的每一位冒险家获得了满足的体验。

这种构想颇具魅力,对克鲁索的模仿在整个欧洲民族文学中比比皆是,尤其在德国,1722年至1769年间出现了大约四十部鲁滨逊式故事,其中最有趣的是J. G. 施纳贝尔的《费尔森堡岛》(1731年至1743年间出版)。其中一部分是"海洋小说"或"旅行小说",少有说教成分,大多是带有丰富想象力的神奇之旅。另一部分则更近似于前面几章所讨论的传统乌托邦的定义。此话题较晚的代表之一是托马斯·斯宾塞的《鲁滨逊漂流记历史补编》(1782年),书中主张土地为国家所有,由教区管理。让-雅克·卢梭在《爱弥儿》(1762年)中对其赞赏有加,认为是一部有教育意义的道德寓言。后来的话题几经变迁,其中比较著名的代表是约翰·大卫·怀斯的《瑞士鲁滨逊》

（1812年）。

18世纪英国出版的该类型第二部颇具影响力的作品是一部讽刺文学。乔纳森·斯威夫特的《格列佛游记》（"格列佛"可能是"易受骗的"和"旅行者"的组合），首次

托马斯·斯宾塞（1750—1814年）

这位生于纽卡斯尔的苏格兰小册子作家在当时的时代背景下最著名的作品是《鲁滨逊漂流记历史补篇》（1782年）。斯宾塞出生在一个有着19个孩子的贫苦家庭，他同威廉·葛德文一样，被培养成一个桑德曼浸信会教徒。他于1775年首次向纽卡斯尔哲学会提出了他的"土地计划"，事实上他后来所有的著作都是关于在教区管理下实现土地公有以消除贫困这一主题的变形。在这个规划中，土地将被租给出价最高的投标者，收益将用于教区的开支。斯宾塞在理性方面的最佳定位是依据其新哈林顿主义者关于限制土地所有权的立场。他认为他自己比其同时代的著名作家托马斯·潘恩更加激进，因为他把土地法的概念扩展到了后来被广泛称为"土地国有化"的领域。斯宾塞的思想通过斯宾塞慈善家协会得到了发展，特别是托马斯·伊文思，之后又为社会主义者H. M. 海德门所采纳。

乔纳森·斯威夫特（1667—1745年）

这位爱尔兰作家、讽刺家和牧师以其作品《格列佛游记》（1726年）闻名，该书是最有名的乌托邦式讽刺作品。斯威夫特生于都柏林，1682年进入都柏林三一学院，在那里他未能大放异彩。1688年，他移居英国，成为外交官威廉·坦普尔爵士的秘书。他于1694年被任命为牧师，在英国和爱尔兰之间来往，1699年成为都柏林圣帕特里克大教堂的受俸牧师；1713年成为主任牧师。他在政治上逐渐活跃，写了众多作品支持托利党对英国国教的保护，反对辉格党的干涉与不信奉国教，在《桶的故事》（1704年）中讽刺性地探讨了这些主题，并在同一时期写作了《书的战争》（1704年）。在后来的讽刺作品《一个温和的建议》（1729年）中，他建议通过吃掉穷人的孩子来解决贫困问题。《格列佛游记》仔细审视了一系列同时代的荒唐行径，包括科学和金融以及政治投机。该书对后来的乌托邦作家影响相当大，特别是在理性的力量不足以解决人类的问题方面。

出版于1726年，也许是有史以来对人类渴望按照理性原则生活的最大讽刺。这部小说对后世影响深远，在之后的时代里反复回响，从威廉·葛德文到20世纪的阿尔道斯·赫胥黎和乔治·奥威尔都受其影响。它还丰富了英语词汇，包括"小人国"（Lilliputian）和"雅虎"（Yahoo）等，在后世被频繁模仿。《小人国宫廷散忆》（1727年）和《莱缪尔·格列佛船长之子约翰·格列佛的游记》（1731年）是早期的两个例子。晚至1796年，《现代格列佛游记》仍以君主和宫廷腐败以及穷人的重税负担为话题。

小说叙述了莱缪尔·格列佛船长在1699年至1710年间，从布里斯托尔到东印度群岛的四次航行。前两次航行本质上讽喻了18世纪英国早期政治：第一次旅行抵达利立浦特（小人国），那里的矮个子小人却拥有值得尊敬的品质（例如只抚养他们能够养活的孩子，这些孩子在国家托儿所长大）；第二站是布罗卜丁奈格（大人国），那里住着高大却粗鄙的人。第三次航行到达浮岛拉普他飞行岛，讽刺了那一时代科学设计者的投机倾向，科学在农业方面的实际应用遭到冷落，而投机者的方案却被采纳，比如从黄瓜里提取可利用的阳光。

第四站到达了最具乌托邦色彩的慧骃国地界，这也是四次旅行中最有争议的一次，在那里，像马一样的物种是被理性支配的——他们的名字寓意"自然的完美"。他们过着简单质朴的生活，不知欺诈、惩罚、法律、政府或权力为何物。根据威廉·丹皮尔旅行期间的描述，那里明显优良的社会秩序与雅虎极为粗俗易怒的天性形成对比，他们有时被认为是澳大拉西亚土著居民的代表。然而，人们通常认为，被称为雅虎的格列佛本人是整个人类的象征。这种比拟在斯威夫特思想产生的宗教背景中是具有启发性的。对像斯威夫特这样悲观的保守党人而言——与其作为莫尔的忠实崇拜者的身份相矛盾——理性的生活并不适合堕落了的人类，期望世间普通凡人之外还有其他人存在只是一种痴迷狂妄的幻想。近似的观点在塞缪尔·约翰逊著名的《拉塞拉斯：一个阿比西尼亚王子的故事》（1759年）中也可以轻易找到，书的副标题是"人生的选择"，书中的大部分内容以田园诗般的"幸福谷"为背景，借此与短暂而不尽如人意的人生本质形成对比。这类著作代表了基督教对乌托邦的反击，特别是对按照理性原则生活的理想的还击，理性设想未将人类自然和宿命般的罪恶本性考虑在内。在一些评论家看来，这一时期的文学作品采取了明显的悲观怀疑态度，开始向反乌托邦的方向转变。

因此，笛福和斯威夫特都涉及简朴生活（在某种程度上按照自然的方式生活）与日益复杂的欧洲文明的对比。在一个大肆宣扬进步的时代，对纯粹优势的怀疑往往表现为对更早、更纯正的社会制度和政治制度的怀念。世纪中叶，当卢梭开始探究这一主题时，对简单朴素的追求已与激进的共和政治（常受到斯巴达启发，有时也受莫尔启发）结合，产生出一种爆炸性的混合体。人们蜂拥着去见到英国巡游的大溪地人，著名的欧迈，他是库克船长从新西兰带回的，其他关于由动物抚养成人的"野孩子"的故事也吸引了无数观众。[4] 如此的热情无疑会助长革命的气焰。人们普遍认为，通过理性力量将乌托邦变为现实的时刻已经到来，一定程度上，穷人可以享受与富人同样令人羡慕的生活被部分地描绘成现实。

对于日益强烈的"简朴"的诉求，最简单的解释是世人对农业生活的慢节奏的怀旧所产生的失落感，逐渐城市化的欧洲人从此开始悲伤哀叹。对人类"原始"状态的迷恋可以在某种程度上解释为科学发展与复兴宗教信仰二者的并驾齐驱，在这种情况下，人们认为回到黄金时代或伊甸园阶段仍是可能的。与此同时，自然法理论家如雨果·格劳秀斯和塞缪尔·普芬道夫将基督教对创世的记述世俗化，阐释了最早的居民社区在物质方面的初始状态，并对私有财产和商业的出现大加赞赏，认为其对优越社会状态的出现起到了推动作用。

在17、18世纪的乌托邦中，尽情享受发展所带来的侵害仍是一个普遍的话题。不得不承认，人们对正在消失的、更能满足世人的原初世界的怀念，以及对现代社会堕落的遗憾，将在维多利亚时代后期伴随达尔文进化论而产生的对物种衰落的忧虑中得到回应。在佚名作者的《居住在英国的美国人致其美国朋友的私人信札》（1769年）中，放荡奢靡、肆意挥霍、虚荣自负和碌碌无为已被证明腐蚀了英国，因此政府从英国转移到美国。罗伯特·帕尔托克的《彼得·威尔金斯的生活和冒险》（1750年）也是描写文明与原始主义之间的复杂对话，它提醒人们，一旦接纳奢侈，便会放弃生活本身，也不愿回到原始状态。18世纪末，英国对于话题最广泛的探索之一应属《希尔德布兰德·鲍曼游记》（1778年），鲍曼的叙述围绕着对于不同发展阶段的四个国家的访问而展开。在以都铎王朝时代为模板的邦霍米卡岛上，人们对山珍美食的消费是适度的，诚实与美德并重。但是，在乔治三世治下的奢侈欲望之国，不断扩张的商业正在更新人们的体验,瓦解人们的道德。[5]

与这一时期的其他乌托邦一样,穷人对富人的效仿被视为共同的特点。以服饰差别区分社会等级的做法合法化了,并由禁奢法强制执行,现在这种明显的差别已经不复存在。要求平等的新诉求伴随着贸易和商业热情而出现。这常常被描述为一个令人担忧的过程。

因此,我们集中见证了一种观点的出现,即现代性带来了更大的不安、无序、苦恼和心理、生理上的不适。这一时期的作品反复强调,财富的创造被灌输进一种持续的永不满足的渴望,欲望的满足与商业化只会因为财富的积累而扩张。同样,现代人的疏离与孤立——逐渐陷入与他人的竞争关系之中,个人逐渐从大家庭、部落、宗族、村落和祭司的掌控中脱离出来,这将是19、20世纪心理学与社会学的重大主题之一——早期阶段将以乌托邦的形式出现。

在乌托邦文学中,与日益混乱的复杂性诡辩形成鲜明对比的是,人们发现了某种形式的"自然社会",从中可以获得更大的普遍的满足感。举个例子,在詹姆斯·迪布迪厄的《詹姆斯·迪布迪厄的冒险与惊奇救援》(1719年)

第六章 笛福与斯威夫特的时代

现代性带来了更大的不安、无序、苦恼和心理、生理上的不适。

中，我们见到了"爱之子"民族。在这里，动物们和平地与赤身裸体的纯真的人类一起生活，他们没有对财富的贪欲；没有政府或法院，由家族中最年长的男性管理，他们领导所有的公共集会，并就婚姻和礼仪做出决定。"未知南方大陆对新雅典的描述"（1720年，作者不详）描写了一个集中慈善赈济的基督教国家；工资与物价受到约束调节，对穷人的压迫被消除，且如莫尔的乌托邦（以及其他许多乌托邦）一样，律师职业被取消。西蒙·贝灵顿的《高登蒂奥·迪·卢卡冒险记》（1737年）描绘了非洲内陆的一片土地，那里有充足的食物和先进的文明，在确保财产公平分配的父权领袖的温和统治下，平等得以维系。在霍尔伯格男爵的《尼尔斯·克里姆地心游记》（1741年）中发现了一个"颠倒"的世界，那里的富人受到蔑视。作家和读者常常倾向于认为，在想象的航行中遇到的人，只有在信奉更纯粹的基督教的情况下才是品德高尚的。因此，约翰·柯比的《人类理解的能力与范围：以自动化的特殊案例为例》（1745年）描写了一个由未曾腐败的基督教所统治的岛屿：设想居民的德行出自另一个根源，这将是更具颠覆性的。

继库克船长和布莱船长的航行之后,南太平洋成为此类记述报道的首选之地。在这一时期的重要著作中,德尼·狄德罗的《世界环游记补篇》(1772年)果断地将大溪地确立为南太平洋热带天堂的代表,"《圣经》中一个传统纯洁的世外桃源"[6],如一位作家所言,或许是英国人1766年在那里登陆后,水手们经历一场血雨腥风的战斗后,女人被献上以示抚慰。《世界环游记补篇》以对话形式写成,将法国私有财产和宗教虚伪与大溪岛的共产共妻对比。作为当时重要的宗教批评家,狄德罗将此类描述视为一种对天主教虚伪的攻击。《世界环游记》被当作是对卢梭文明论的一种阐述,它把原始人描绘成"只要和平与安全不受干扰,他就会是纯真且温和的"[7]。18世纪末,崇拜"高贵的野蛮人"在欧洲传播十分广泛,产生了很大的影响。然而,我们已经讨论过,这反映出很早以前,原始主义就与乌托邦体裁的发展存在着对话。原始人的形象也与对文明人的讽刺密切相关。这一时期比较温和的讽刺作品描述了一种纯粹的国家政治形态,那时的财富贸易还没有对政治程序造成侵害。因此,《约翰·霍姆比斯上尉的奇幻发现之旅》(1757年)从更有德行的托利党权贵的角度对辉格

德尼·狄德罗（1713—1784年）

　　这位法国启蒙运动的重要哲学家也是极具影响力的《百科全书》（1751—1772年）的编者，这本书是当时最权威的知识论著。《百科全书》最终达到三十五卷，其中包括伏尔泰、卢梭、霍尔巴赫、杜尔哥、雷纳尔等人，尤其是狄德罗本人的贡献。狄德罗在哲学上以用唯物主义和机械主义的方法研究自然世界而闻名，他对原始社会的兴趣部分是由他与让-雅克·卢梭的友谊所激发的，对卢梭来说，人造的人与自然人的对比构成了其诸多著作的核心主题，最终二人的关系恶化。狄德罗的担忧促使其写作了具有高度推理色彩的《世界环游记补篇》（1772年）。著作提出了这样一个命题，即波利尼西亚人是所有原始民族中受罪孽或恶习侵蚀最少的民族之一，并且着重于以性自由为核心，包括多配偶、滥交和乱伦，以及避免伪善，作为重要的乌托邦主题，这里基本上可以预见几十年后查尔斯·傅立叶的推测。狄德罗的其他几部作品也十分有名，包括《拉摩的侄儿》（始于1761年）、《达朗贝尔的梦》（1769年）和《两个印度群岛的历史》（1772—1781年）。

党的腐败进行抨击，认为其政治是由金融和贸易支持的。在英国，许多类似的作品援引了博林布鲁克式的"爱国君主"形象，对现代政党的派系争斗进行仲裁，清除了那些贪赃枉法的行为。父权制常被推荐为一种解决政治纷争的有效措施。大量的讽刺作品在当时出版，其中讨论最为集中的是社会与政治腐败的问题。有的著作还对新兴的乌托邦思想进行公开的讽刺。最令人印象深刻的是埃德蒙·伯克的《为自然社会辩护》（1756年），将"人为的"或"政治的"社会与更为简朴和快乐的自然状态进行比较。这种尝试是很成功的，以至于后来的人们（如威廉·葛德文）普遍将其解读为是在替后者的优势做广告。[8]

18世纪的社会平等化趋势也反映在乌托邦描述中，妇女较以往更能掌控自己的生活。在《满意岛》（1709年）中，妇女实现了"除了家庭政府之外所有情况下的优先：她们选择优先，吃喝优先，休息优先，有寻找自己感情的特权，她们不会因此招致一点'丑闻'或'反省'"[9]。法国人路易·鲁斯坦·德·圣-乔里的《女军人》（1736年）探讨了妇女在婚姻中的权利。德拉里维尔·曼丽（《新大西岛》，1709年）和伊丽莎·海伍德（《英国隐士》或《克利

威廉·葛德文（1756—1836年）

英国这位无政府主义哲学的创始人以著有重要的政治思想专著《政治正义论》（1793年）而闻名。威廉·葛德文，作为一个桑德曼浸信会教徒长大，注定要做牧师，但在18世纪80年代放弃了他的宗教信仰，转而以新闻和文学为生。《政治正义论》确立了他作为个人自由捍卫者的声誉：该书坚决反对对于个人形成自己判断的权利的一切形式的干涉。后来的版本修改了他的一些更加极端的表述，但是《询问报》却让他更坚定地站在文明的一边，与他之前明显信奉的原始主义形成对比，葛德文影响了罗伯特·骚塞、威廉·华兹华斯和塞缪尔·泰勒·柯尔律治，使其考虑进行一个关于社区生活与工作的"乌托邦"（Pantisocratic）实验，这个实验曾一度计划在现位于宾夕法尼亚州的萨斯奎哈纳河畔建立一个定居点。该实验未能实现，但葛德文作为一个小说家获得了声誉，特别是通过《凯勒布·威廉逸事》（1794年），他后来成为英国社会主义创始人罗伯特·欧文的顾问。他与玛丽·沃斯通克拉夫特成婚，成为玛丽·雪莱的父亲。

奥米拉的秘史》，1722年）等作家以一种强烈的理想化方式描写了女性的友谊。英国两部著作莎拉·斯科特的《千年厅》(1762年)和玛丽·汉密尔顿的《明斯特村》(1778年)描绘了独立主义者的隐居地,妇女在那里有很多受教育机会,基本上可以在没有男性帮助的情况下自己安排生活,利他主义和协助合作能力因而得到加强。

7

第七章　革命与启蒙运动
美国、法国与重塑的世界

当乌托邦停止梦想，停止希望，停止推测，也不再奢求按照自己的愿望重塑世界时，它就会朝着现实发展。可能的边界被拉向看上去不再可能的遥远地方，这一时刻在现代社会中最为明显，并与革命交织在一起。从17世纪中期的英国革命到1776年的美国革命，再到1789年的法国大革命以及更为晚近的时期，很多人开始主张彻底的社会政治变革。不仅专制君主制，贵族制、国教甚至父权制也都受到了新平等主义挑战，平等主义本身就深受乌托邦传统的影响。[1] 这一时期，千禧年信徒的狂热与宪法提案和人民政治主权的推动以及偶然的莫尔共产主义复兴交织在一起。但是，现代政治乌托邦仍是以其世俗特征来定义的，坚持在当下的此处寻找并完善美好的生活，而不凭借想象到别处去发现和创造。这种世俗观念变得十分具有前瞻性，一切以进步为目标，逐渐摆脱了对古人或早期成就的怀念，坚定且激烈地坚持其意欲创造的机构的新颖性，并确保其成员的性格可以维持机构的正常运行。或许，成比例地，当现代人丧失对永恒的信仰，他们便为如何充分利用此生而感到紧张、焦虑和不耐烦。当一种天堂形象取代另一种天堂形象时，及时的进步便必不可少。

英国革命为这一进程做出了巨大贡献。古典共和制复兴了，基督教对一块纯净"乐土"的热情也恢复了。对查理一世的反抗——导致他在1649年被处决，建立了一直持续到1660年的英吉利共和国——本质上是政治性的。但是，它常常被理解为具有明显的宗教色彩。一些清教徒认为，如果不是千禧年到来，此类事件预示着乐土即将到来，敌基督者即将失败。这一时期最重要的政治乌托邦是詹姆斯·哈林顿的《大洋国》（1656年），如J. G. A. 波考克引人注目地评述的那样，该书在整个法国大革命期间及其后产生了长期而普遍的影响。[2]哈林顿设想了一个大致以意大利威尼斯为原型的国家，国家依靠制衡机制、无记名投

詹姆斯·哈林顿（1611—1677年）

这位英国共和主义者、军人和政治家是《大洋国》（1656年）的作者。哈林顿于1611年1月3日出生在北安普顿郡，曾就读于牛津大学三一学院，但没有获得学位便离开了。他在欧洲大陆旅行了几年，在军队服役，即使他持共和主义的观点，但其个人忠于国王查理一世。《大洋国》——献给奥利弗·克伦威尔，哈林顿认为他是摩西或雅典政治家梭伦那种类型的立法者——也许是所有乌托邦中伪装得最随意的，或者说是最"现实"的之一，它主要是一套宪法提案，用一个更加公正和稳定的政府取代君主制。这里的自由在于适当行使公民权，而公民权以独立为基础，因此受赡养者或仆人不能享有。大洋国对后来18世纪末美国的革命者产生了巨大影响。哈林顿在经历了漫长的监禁后于1677年9月7日去世。

票以及两院制立法机构（由两院组成）对土地财产进行限制，这些措施旨在确保政治稳定。这一思想是由亨利·内维尔、约翰·莫伊尔、阿尔杰农·西德尼、约翰·托兰等人提出的。《诺兰自由州》（1696年）延续了这一文学传统。然而，王政复辟时期的许多文学乌托邦都将君主制作为首选的政府组织形式，更激进的政治实验直到1688年光

第七章　革命与启蒙运动

荣革命之后才再次出现。

18世纪乌托邦主义的两种最重要表现形式是格列佛式的讽刺文学和鲁滨逊式的荒岛天堂故事。这一时期也出现了很多政治文学作品。大卫·休谟的文章《完美共和国的观念》（1752年）未对财产提出限制，却要求在商业和地产之间寻找政治的平衡，缓和政治冲突。其他作品则对现行宪法提出反对，认为它们过于混乱；如《满意岛》（1709年）就对一种不受限制的世袭君主制提出赞扬。许多乌托邦式的政府提案都从柏拉图、莫尔和哈林顿式传统的某些结合中获得经验。在英国，很多人都试图证明在行政腐败面前仍保持品性独立的可能性，并尝试遏制穷人模仿富人的奢侈生活日益增长的趋势。哈林顿式传统体现在频繁的乌托邦式职务轮换法令，限制地产的土地法提案，以及以公民民兵取代为腐败君主服务的常备军的建议。詹姆斯·伯格的《关于南美洲人民塞萨雷斯的第一个定居点、法律、政府形式和警察的记述》（1764年）显然遵循了斯巴达和莫尔的传统，目标是"每个人都应享有平等的份额，这样我们就可以抑制所有骄傲、野心和破坏的激情，将财富和贫穷从身边驱逐"[3]。禁奢法和农业法有助于维护这种平等，禁止开采金银，限制贸易，奢靡被视为最大的社会毒瘤。伯格的政权对天主教徒也不宽容，禁止赌博、淫秽书籍和戏剧表演——与其他时期一样，暴乱和浪荡的人在乌托邦里遭受折磨。

莫尔的传统也在加布里埃尔-艾蒂安·摩莱里著名的《自然法典》（1755年）中有所体现，严令实现财产公有和普遍劳动，孩子以某种方式共同抚养。三十岁以前的人们穿着都是一样的，所有五十岁以上的公民都是官员。到这个世纪末，"乌托邦"一词与财产公有等同起来；法国大革命之后，世人以各种形式恢复了对它的热情——根据威廉·葛德文思想编写的《公民政府论》（1793年）赞扬了这一制度，美国出版的第一部乌托邦作品，即约翰·利斯戈的《平等：政治浪漫》（1802年）也是如此。

17世纪和18世纪初还产生了一些被称为"充分就业乌托邦"的例子。这里的社会组织，有时是国家的，有时是社区的，被重组以最大限度地提高经济生产力。资源的充分利用是罗伯特·伯顿的《忧郁的解剖》（1621年）中所描述的理想社会的一个关键主题，社会推动养老金的发放、多余土地的利用、食品价格的调节以及医生和律师的就业，但"没有乞丐、流氓、流浪者或闲人"[4]。之后该类型的例子有彼得·钱伯伦的《穷人辩护者》（1649年），国家银行将税收和收入集中起来，以雇用穷人从事采矿业和农业；由荷兰门诺派教徒彼得·普洛克霍伊撰写的《让穷人幸福》（1659年）规定了自愿共享财产的原则；以及约翰·贝勒斯的《关于建立工业学院的建议》（1695年）提出穷人的贫民习艺所可以将"学院"生活的优势与奉献有益劳动结合起来。17世纪末出版的两部作品《大师文章》（1698年）和《苏菲年鉴，索菲克宪法：或世界邪恶习俗的改革》（1700年），也要求人们住在"学院"里，统一着装，财产共享，并谴责愚蠢轻浮的追求；所有人都被建议要"比贵格会信徒更朴素"，接受基督教和斯巴达式的平等。这些是以炼金术为乌托邦主要内容的最后一批作品。

女权主义话题也扩展到这一时期的乌托邦中。到18世纪初，詹姆斯·劳伦斯的《奈尔斯帝国》（或《妇女的权利，乌托邦浪漫史》，1811年第二版）中保存了关于母权制的优点和当时欧洲现行婚姻制度的弊端的专门讨论。其中，"母性主义"（matriotism）被视为一种主要的美德，而父亲角色的概念却不为人知。到18世纪末，乌托邦中的婚姻一般被描述为比早期更自愿，更少受制于嫁妆，更容易以离婚的形式结束。在这里，乌托邦较社会舆论更为自由化。劳伦斯的作品也是东方故事流行体裁的一种异化，其中东方的部分被用来描述闺房生活、理想的伊斯兰国家以及类似的奇异现象。

美国国家建立是现代政治的一个重要分水岭。然而，美国革命的乌托邦究竟是何种形态，仍是一个悬而未决的问题。殖民者的反叛起义并不稀奇；共和国自古以来便小规模地存在。美国人最终确立的政治制衡在一定程度上模仿自英国宪法，旨在约束人性的过分行为，而非展现更多的仁慈。革命的热情也不是为了战胜叛乱。乌托邦的主要内容是新教徒参与的愿望，一定程度上反映了千禧年信徒的热忱：当乌托邦与富饶的、近乎自由的土地和无限机会结合时，数百万移民在美国的目的地便可以确定下来了。同样，美国宪法的平等主义——奴隶、妇女和美洲原住民，以及一段时间内的许多无产者——受到哈林顿关于平衡土地财产所有权思想的影响。16世纪令人向往的"新世界"图景在美国成为现实，街道上铺满了黄金——一个后来的淘金热影响的景象——田地里到处是丰收的果实。这现代政治乌托邦仍是以其世俗特征来定义的,坚持在当下的此处寻找并完善美好的生活,而不凭借想象到别处去发现和创造。

可能更接近于农民对安乐乡而非乌托邦的想象。然而原住民将再次为外来移民的优越生活付出巨大代价。

1789年7月14日，攻占巴士底狱同样是现代政治乌托邦的一个关键阶段（1917年布尔什维克革命之前）。引发美洲殖民者反抗的事件与推动法国推翻旧制度的事件之间存在诸多相似之处。美国是一个新兴国家，存在大量廉价的土地，自16世纪殖民以来便被新教末世论者和千禧年期望论者所关注。法国则更古老、更保守，要进行根本性的改革，需要更多信仰的智慧。这种信仰在最初阶段往往是反宗教的、革命的，在一些新兴的节日——包括一个宣称崇拜理性女神的节日——向早期信仰体系的仪式提出质疑。伏尔泰和德尼·狄德罗等主要启蒙思想家对当时的秩序进行了严厉批判。对他们来说，天主教主张的神秘主义会受到人类进步观念的抨击。只要那些无所不管的教士（腐败君主与寄生贵族最坚定的同伙）受到挫败，理性就会在不受约束的条件下为人类行为提供充分依据。路易-塞巴斯蒂安·梅西耶等一批作家则认为，如果有一个"响亮的声音"能够"唤醒沉睡的民众"，君主制将不复存在。[5] 许多人相信，人类将从沉睡中醒来：人民意识到他们的权利将摆脱枷锁,永远不会再被束缚。智慧与美德将从这种宣泄中产生。难怪此后民主的概念会有许多乌托邦的元素,甚至是千禧年的元素。

革命被设想为一种进步的活动,是为了效仿亚当·斯密等作家所提出的商业现代化新理论,还是意在回到一个更原始的具有美德的时代?所有法国大革命的推动者中,最著名的是让-雅克·卢梭,他是其所处时代的吕库古,并没有将自己与商业发展联系起来。在其所著《论人类不平等的起源和基础》(1755年)中,卢梭回顾了一个世俗观点的衰落。一种从原始状态发展而来的和谐社区生活,在国家和私有财产制之前被富人强加给穷人的苛刻的社会契约粗暴地终止,永远被束缚在高度剥削的私有财产制度下。卢梭在《社会契约论》(1762年)中提议穷人应该重启对财富积累、奢靡生活以及政治腐败的监督。他大胆主张人们"生而自由",也就是说,人类原本是纯真无邪的,现在却发现"到处都是枷锁"[6],这是对基督教伊甸园和堕落神话的认同,同时赋予了斯巴达式的暗示和意味。卢梭也谨慎地回避了一个重要问题,即这样的社会能否或如何从法国这样崩溃的古代君主制废墟中得以重建,事实上,他

让-雅克·卢梭（1712—1778年）

这位法国哲学家和政治理论家是其所处时代的主要思想家之一，他的著作激励了法国大革命的缔造者。他于1712年6月28日出生在日内瓦（当时是一个独立的城邦），父亲是一位钟表匠。卢梭做过雕刻学徒，学习过音乐。移居巴黎后，他与狄德罗、伏尔泰、达朗贝尔和其他主要启蒙思想家交好。卢梭主要通过《社会契约论》（1762年）的出版而名声大噪，这部著作常常被描述为为法国大革命提供了思想基础。他与乌托邦主义的联系主要来自其早期的两部作品：《论科学与艺术》（1750年）和《论人类不平等的起源和基础》（1755年）。前者最值得注意的是描述了一种假想的自然状态，比托马斯·霍布斯的版本更温和，其中逐渐发展的结果是富人对穷人实施日益不平等的做法。卢梭经常同"高贵的野蛮人"概念和对原始人的赞颂联系在一起，但他认为任何回到一种更有道德的状态的努力都是极其困难的。

认为恢复纯洁的道德是不可能的。但是，如黑格尔和拿破仑后来所承认的，卢梭为主权在民的新学说提供了最重要的推动力，也与复兴共和思想联系起来。他对原始主义的推进也为后人所接受，其中最应注意的是，英国作家威廉·葛德文的《政治正义论》（1793年）激发了年轻的追随者——塞缪尔·泰勒·柯勒律治、威廉·华兹华斯和罗伯特·骚塞——在美国建立一个"乌托邦大同世界"的社区。根据这一制度，人们共同劳动，平等管理政府事务，妇女地位也得以解放。

法国大革命为许多现代革命乌托邦主义提供了范本，但也标志着乌托邦向反乌托邦方向的转变。这场革命起初的愿望是温和而保守的，目的是遏制腐败的君主、贵族与神职人员，然而，随着民众热情的过度膨胀，革命却陷入了共和主义的泥沼。在"自由、平等、博爱"的宣言下，法国大革命试图向全世界输出一种国际性的共和理想，即四海之内皆兄弟，对于一些人而言，这与过去的黄金时代或"自然"原则相呼应。有种观点认为，最渴望恢复这些原则的人也最容易受到流血事件的影响。[7]封建制被废除，奴隶制被取缔，各地的压迫行为遭到谴责。

1793年，局势发生转变。革命被外部敌人包围，像农神一样开始"吞噬自己的孩子"。对于许多人来说这都是十分危急的转变，改革的理想让位于完美主义。美德依靠恐怖来实现，断头台的"神圣"工具变成其帮凶。1793年8月底，在雅各宾派控制下的法国，恐怖活动司空见惯。

期望在增加，却不可避免地只有少数人能够达到其高度。据说，人民是"崇高的"、不会犯错的，但个人却越来越达不到这一标准。失败（特别是军事方面的不足）是道德过失的外在表现，常被解释为缺乏革命热情。将军们一个接一个地被送上断头台。失败的代价就像金融市场上的纸币一样泛滥。如果没有能力实现美德，那么等待他的便只有死亡，除此之外别无选择。所有那些卢梭公意（公共意志）理想之外的人，或者路易·德·圣茹斯特所说的"主权者"——任何反对当前运动的人——都成为局外人、另类、敌人和叛徒，只能处置清除掉。对待偏离政党路线的人，就像从前对待坚持异端邪说的人一样。然而，宗教语言在很多方面占据上风：目标仍然是完美的。1793年至1794年的恐怖统治期间，约有5.5万人死去，公共安全委员会将司法惯例抛于脑后，只是根据相貌形态将所谓的罪犯判处死刑，他们没有自卫的权利。最后，恐怖活动的领导者——首先是丹东，然后是罗伯斯庇尔——他自己也成为牺牲品，未经审判而被处决，秩序才得以恢复。

对后来的许多评论家而言，这场革命最为黯淡无光的影响是推动了乌托邦向反乌托邦发展。卡尔·波普尔等学者努力把对"开放社会"理想的批评追溯到柏拉图之前。[8]

然而，很少有人会质疑暴民精神，未受教育的和无特权阶层的复仇已经释放出来，达到怒不可遏的程度。

法国大革命在其他积极方面的影响是乌托邦式的。新的历法被引进，主要围绕季节设计（其发起人在革命的第二年被送上了断头台）。新的公社制度让古代封建领土残余的混乱局面有所改观。新的平等在盛行的节日里受到庆贺，通过强有力的表现形式展现出来，如自由之树、弗吉尼亚软帽或红帽子、无套裤汉或工匠的制服。旧的专制主义的代表，像巴士底狱一样被摧毁了。

法国大革命尽管失败了，却还是为后来的整个近代革命起到了示范作用，最显著的是俄国和中国，以及其他诸多国家。在其乌托邦的角度，孔多塞侯爵、葛德文和其他人的著作将其科学和道德发展愿景与政治改良的理想结合起来，催生了各种各样的文学乌托邦。尽管可能比预想的要少：威廉·霍奇森的《理性联邦》（1795年）是英国理想政体中以革命原则为基础的典型范例，而《行星回忆录》（1795年）概述的葛德文式愿景则描述了以暴力反叛建立起来的未来乌托邦政权。更重要的是，像加布里埃尔-艾蒂安·摩莱里这样的18世纪主要的乌托邦主义者的思想被革命同谋者采纳，尤其受到两位现代革命共产

> ### 尼古拉·德·卡里塔，孔多塞侯爵（1743—1794年）
>
> 这位法国哲学家现在被认为是启蒙运动后期的领军人物之一。在法国大革命的早期，孔多塞与吉伦特派有联系，他反对处决国王路易十六，并因此而入狱。在经历了一段逃亡生活后，他神秘地死去，可能是自杀。作为一个奴隶制的反对者和涉猎广泛的思想家，他对现代性评估的主要贡献在于他的《人类精神进步史表纲要》（1795年），其中分十个阶段追溯了社会群体从部落和游牧阶段到法兰西共和国成立的演变过程。孔多塞认为人类的进步基于三个假设：消除国家之间的不平等，促进每个国家内部的平等和人类的"真正完美"。他认为这些主题，作为最先进的"文明状态"，法国人和英美人已经达到了。因此，关键的问题是它们扩张为残暴或野蛮的国家，而不是加剧他所谴责的种族蔑视感和日益严重的贫富不均。

主义传统的主要创始者弗朗索瓦-诺埃尔·巴贝夫和菲利普·邦纳罗蒂的欢迎。我们正站在社会主义的门口。共和乌托邦主义的残余在随后一段时期仍将存在：如G. A. 埃里斯的《新不列颠》（1820年）描述了美国内陆的一个大型社区。那里的货币已被废除，劳动和贸易受到严格管控，财产所有受到限制，公务员没有报酬，宗教信仰主要是自然神论。慈善事业的实践和精简的管理方法已尽可能地使社会不再需要法律。

弗朗索瓦-诺埃尔·巴贝夫（1760—1797年）

这位法国革命家是《人民的护民官》（1794年）的主编，该报倡导平等的共产主义。受加布里埃尔-艾蒂安·摩莱里的《自然法典》（1755年）等著作的影响，巴贝夫开创了密谋论的传统，这种传统后来在19世纪的欧洲和俄国革命运动中占据主导地位。巴贝夫于1760年11月23日出生在皮卡第的一个贫困家庭，他当过劳工，之后成为一名公证人的文书。到法国大革命时，他已经在致力于某种类型的财产再分配方案。他参与了一场减税运动，并主张将没收的教会土地租给农民。到1791年，他用"土地法"来解释自然法理论，这允许将公共土地和荒地重新分配给无产的农民。从1793年年初开始，他以"格拉古"为名，表明自己与古罗马建议者有类似的方案，并已经开始考虑废除使用货币、减少个体商业、革除游手好闲之风，奢侈品贸易如果不是废止，也要尽量将其减少。尽管他与雅各宾派独裁者没有关系，但还是被督政府送上了断头台。

8

第八章　理想中的城市

从中世纪到现代社会

乌托邦追求可在全然不同的两种传统中找到，一种是乡村的，另一种是都市化的。乌托邦的都市化特征只是其特点的一个方面，而与其本质更为贴近的则是它的乡村传统。乡下牧民在放牧牛羊的时候，他们对城镇的需求是十分有限的。在自然条件优渥、气候宜人的地区生活，只需普通的陋室一间就可满足需求。在温暖的、可以让人身心放松的天堂般的环境中，草房一间，或者至多是可供家人合住的一处长棚，便几乎已经令人知足。生活于此，衡量人们内心满意与否的标准便是那一间草房和那一架长棚了。对于一些小型宗教社区来说，像在其他震颤派教会村一样，简单而不失典雅的木质住宅与基本的公共设施，已经足够。可是，随着社区规模日渐扩大，社区功能也需提升，原来的农业社会定居点逐步发展成较大的都市中心。随之而来的工业化加速了这一进程。

到了早期现代，都市规划和城市设计已演变为一种借助乌托邦构想推行社会控制的有力手段。这一转变既是城市化进程的结果，又深深受到乌托邦构想的影响。无论在乡村还是在都市，社会环境中的秩序都与社会习俗和礼仪的融合相关，秩序需要借助法律和宪法的配合，秩序必须依赖社会力量对潜在的有破坏性的行为（如挥霍浪费与性竞争）的监管。然而，此类维持社会秩序的限制性手段，并不会在理想的乌托邦式的乡村里获得重视。乡村社会的需求极易获得满足，彼时，社会秩序自然也就不再成为人们担忧的对象了。实现城市化的愿望越迫切，期待便愈强烈，人们的管理手段也会越发严格。

高度的城市化又会让城市向着它的反方向——反乌托邦发展。与极端的城市化想象相伴，密集化管理会将人类社会划分为规模十分狭小、严格限制的工作和生活空间——以此最大程度地对个人生活实现控制。政权意识形态所主导的公共空间与这些受到严格限制的个人空间是并存的。虽然人们心目中的一些理想都市空间〔包括弗朗西斯·培根在《新大西岛》（约1624年）中所描述的本萨勒姆、查尔斯·傅立叶的"方阵之城"以及罗伯特·欧文在19世纪初所设计的社区〕并不与这种治理理念有联系，或联系较少。但是，在其他很多的乌托邦都市形象中，林立的高墙和一些高楼建筑被一起整合进方便管理的监视系统中。因此，建筑、城市的规划，乃至整个国家的设计都在乌托邦设想中扮演着重要的角色。

对城镇和都市的精心规划，古代世界已经司空见惯。古代都市往往围绕着军事防御点、河流、桥梁或贸易中转站而建，成片的农田旁边也是古代城市的最佳选址。不断增加的人口数量，尤其是各帝国建立后的人口增长，成为刺激人们建立新的城市聚落的重要因素。埃及法老金字塔虽为死者而建，但从其居住功能和宣传功能来看——通过其纯粹的感染力，仍可视为有关城市空间的最早设计。希腊人为了满足居住需要，建造出网格状的城市，这种城市类型较多出现在其海外建立的殖民地。罗马人建立了更富有活力的城市，安全的水源、公共的浴池、良好的道路系统、寺庙、行政厅、兵营和体育场成为城市的必备，当

第八章 理想中的城市

然，居民用房占据了城市中最重要的地位。迦太基城被罗马摧毁，罗马在原有城市的基础上再建时已考虑到诸如此类的城市功能，许多罗马殖民城市和军事定居点也都呈网格状分布。罗马城市广场以及类似的壮阔的城市公共空间在最初设计时便已考虑到了它们的特殊意义。这种设计给人的印象是十分深刻的，或是气势逼人，或是将宗教、政治和军事的象征意义结合起来，总之是要激发人们的爱国主义精神。除了此类现实问题，城市规划时还要考虑所谓的自然法则，既要符合数学原理，又要与人的身体比例、精神和宗教观念相协调。"上帝之城""新耶路撒冷"以及天堂观念在基督教早期就与理想城的观念糅合在一起。中世纪的欧洲也流行着多种对城市空间的想象。传说中，卡米洛特城的起源与6世纪对亚瑟王的描写有关，托马斯·马洛礼的《亚瑟王之死》（1485年）重新提及，在此后很长的时期内不断出现，其中最让人印象深刻的是阿尔弗雷德·丁尼生的《国王叙事诗》（1891年）中对此城的描述。卡米洛特常常被描绘为一个在撒克逊内战后长期保持和平的军事政权。其中，有关圆桌骑士的描述透露出当时的君主制并不巩固。据记载，卡米洛特是英国南部一个王国的首都，从神话中的一个小军事据点发展而来，汇聚了中世纪骑士英勇、勇敢、正义和为公共利益献身的精神。其中的宫廷魔法师梅林的美德和智慧时常被重构和修饰。马克·吐温的《康州美国佬大闹亚瑟王朝》（1886年）对其中理想化的宫廷生活进行了揭露，将现代民主与封建主义的衰退进行对比。

更令人匪夷所思的都市形象还应到那些在后世产生深远影响的中世纪神话中去寻找，天上会掉馅饼的安乐乡在13世纪被首次提及。据资料记载，安乐乡有吃不完的食物，食物取用后又会自然长出新的食物，可供烹饪的动物会自己出现在食客面前，人们活到五十岁会自然返老还童，重新回到十岁时的状态，他们从不惧怕死亡。房屋是用糖建造的，街道上铺满糕点。在库卡那，意大利版的饕餮或饱腹的想象中，有腊肠做成的桥、流淌着牛奶或葡萄酒的河流、堆满奶油奶酪的山。工作被视为一种罪过。

理想城在中世纪通常是"新耶路撒冷"观念不同形式的反映，精神上体现为完美的"上帝之城"，美学上表现为都市空间的理想状态（就像巴比伦和罗马的沦陷被看作是人类灵魂的堕落一样）。理想城的许多圆形或多边形设计方案——如安东·弗朗切斯科·多尼在1552年描述的方案——是城堡建筑的变体，目的是强化王室的控制，如1593年建造的辐射状城墙环绕的新帕尔玛城。

到14世纪，通过城市设计来建立秩序的观念已十分普遍，包括锡耶纳在内的许多意大利城镇墙壁上绘满了讽喻政府的涂鸦。文艺复兴时期产生的有关秩序、平衡、和谐以及美感的思想融入了15、16世纪各种风格的建筑中。菲拉雷特规划的理想城斯弗金达城（1457—1464年）可能是此类设计在意大利最早的出现，其中一项设计是将两个大型广场布置在一个16条径向辐条组成的圆内。此后，在锡耶纳出现的带放射状辐条的圆形广场开始流行。大量出现的塔楼，如圣吉米尼亚诺，是阶层向上流动的象征，同时也象征着公民的财富、竞争力和不断上涨的房价。莫尔的《乌托邦》充满了对理性原则的应用，由十分相似的围墙环绕的54个城镇分布在24英里（约38千米）外的海岛上。20英尺（约6米）宽的梯形街道，街道后面是偌大的花园，自动门会自己敞开迎接所有人，在这里，财产是共有的；防火的屋顶设计和玻璃采光窗代表着技术的革新。类似的理性原则在许多被殖民的新大陆的早期城市设计中都有体现。印加的一些城市设计，如库斯科，同样不乏想象力。

修道院为理想城的其他变化提供了灵感。正如弗朗索瓦·拉伯雷在《巨人传》（1532—1569年）中描述的那样，德廉美（Thélème，源自希腊语，意为"意志"或"欲望"）修道院是巨人卡冈都亚为贵族阶层建立并给予补贴的庇护所。在这里，贵族成员拒绝接受修道院习俗的束缚，即清贫、纯洁和服从，也不愿接受知识和精神启蒙。对周遭的奢华风气，他们甘之如饴，却宽容地将奢华与众人分享。宽阔的花园、华丽的家具和众多舒适的设施供所有人纵情享受——这并不会导致放纵，而是一种规范的生活方式，且不受神职人员干预。修道院的中心建筑是位于卢瓦尔河谷的一个六边形的六层建筑，周围有六座塔楼。包含9000多个精心装饰的房间，其中还有一个壮观的图书馆。拉伯雷的小说被认为是对宗教虚伪的讽刺。文中将僧侣的生活与贵族的纵情声色相提并论，暗示需要净化基督教，严厉谴责敛财、法律欺诈和游手好闲的行为。

托马索·康帕内拉的《太阳城》（1602年）以对话的形式叙述了位于南半球的一座理想城市。这座城市由七个对称的圆组成，代表了乌托邦社会工程学与城镇空间规划

托马索·康帕内拉（1568—1639年）

这位意大利哲学家、作家于1568年9月5日出生在卡拉布里亚一个贫困家庭，以著作《太阳城》（1602年）闻名后世。康帕内拉曾是多明我会修士，他研究过科学和哲学，以及卡巴拉教和琐罗亚斯德教。1602年，他写了一篇抨击西班牙君主专制的文章，对异端思想的狂热致使他在1596年被西班牙宗教法庭逮捕、审判。获释后，他推动发起了一场有关理想宗教和反对政治权威的改革运动——必要时可采用暴力手段。1599年，他再次被捕，被判终身监禁，在狱中戴着镣铐写下其代表作。在被囚禁近三十年后，康帕内拉在生命的最后阶段享受了短暂的自由，于1639年5月21日在巴黎去世。

之间的关系。墙上的装饰激发了人们对大自然的热爱、对神灵的敬重以及对知识的渴求。财产为集体所有；在以健康生育为标准的柏拉图式系统中，妻子也是共有的。每天工作四个小时是常态。自然科学与农业技能方面的全民普及教育有助于维护社会平等。他们十分重视对性行为的规范，禁止滥交，倡导身体健美，通过这些常见的措施对性行为进行管理。强烈的爱国主义情绪——康帕内拉认为这种情绪最终表现为服从于一个新的普遍（西班牙式的）君主制的形式——由太阳崇拜而获得巩固，每天四次的祈祷几乎成为一种制度。人们通过简单的饮食与严格的锻炼确保长寿。

更为精细的设计很快跟进。约翰·凡勒丁·安德里亚的《基督城》（1619年）描绘了一个约有400人的都城，城市是建在山上的，城周围是一个700英尺（约215米）的方形广场，广场周围有四座塔楼。城市中有一条公共街道，按照功能，城市被划分为不同的区域，分别用于食品供应、健身锻炼、军事准备以及美化。城市建立的初衷是为了确保有足够的食物、药品和水源供应，以及防御安全。根据中世纪的行会规则，城市中的贸易和商业按区组织。大多数的技术行业占据市中心的位置，那里有圆形的寺庙和大型的图书馆。基督城里的居民共同参与道路修建、警卫和农业生产，同时每个人也有自己的职业。衣服、食物和生产工具由市政当局统一分配，他们的住房也是通过分配获得，以确保平等。但是，他们的进餐是各顾各的，并不在一起。他们的衣服和家具陈设相对很简单；"虚荣奢侈"和"罪恶的包袱"是被明令禁止的。[1] 孩童在幼年后

第八章　理想中的城市

约翰·凡勒丁·安德里亚（1586—1650年[①]）

安德里亚，1586年8月17日出生于德国南部的图宾根附近。作为德国路德教的人文主义学者和宗教改革家，他著有《农夫》（1614年）和《基督城》（1619年），后者几乎是有关理想的基督城的最典型的描绘。他在大学时代学习了文学、音乐、艺术、数学和天文学，掌握七门语言，后成为路德教牧师。曾旅行中欧，对组织工人工会和改善教育制度有着饱满的热情。他在卡尔夫建立了一个保护布料厂和染料厂工人的组织，该组织一直留存至20世纪。他还参与了玫瑰十字会的创建，这是一个推崇炼金术、占星术和神秘学的秘密组织。《基督城》以宗教改革及随后的剧变为背景，部分效仿了莫尔和康帕内拉的作品，通过一位遭遇海难的朝圣者的叙述来描述一个教育普及、和平昌明的社会，而这主要是通过击败天主教而获得的；官方宗教中的离经叛道者被驱逐出去。政府是通过元老院和由大祭司、法官、学者组成的三方执政集团共同构成的。有观点认为《基督城》曾对培根的《新大西岛》产生影响。

[①] 应为1586—1654年。——译者

便离开父母，尽管女人享有与男子相同的教育，但她们主要负责家务劳动。城市不许乞丐和其他无业游民进入，对他们的惩罚是相当温和的，惩罚只是为了纠正错误。正如培根在《新大西岛》中描述的，科学研究是在实验室中进行的。

18世纪见证了建筑创新的各种尝试。克劳德－尼古拉斯·勒杜于18世纪70年代建造的著名盐场由一个带入口的大型环形城镇组成，城镇中心是管理者居住的公寓和一座教堂，从这里可以俯瞰周围的生产设施。工人们的宿舍与公共果园和菜园毗邻，宿舍在夜间有照明。较远处是管理者办公的行政大楼。尽管几何学的精确性在多数情况下是显而易见的，但这一时期的其他设计表明这些主题发生了实质性的变化。在这期间规划设计了几个大型城市，如圣彼得堡，以及各种较小的城市。

19世纪是欧洲社会主义社区运动的光辉时刻。为了提高空间利用率（说明公社集体生活较之私人或个人生活的经济优势），社区常常设计为平行四边形布局，这一布局可以将人口大量安置在中心区域，通常是一栋建筑中。花园和人行道通常被规划在中心建筑的周围，工厂和工业设施与生活区保持一定的距离。1859年至1880年间,让-巴蒂斯特·安德烈·戈丹在诺曼底的吉斯建造了这种类型的建筑。院子中间设计了一个画廊,往来需绕画廊而行,这种设计提供了一片可供谈话的区域,既有较为开阔的空间,又保证了充足的阳光和新鲜的空气。

网格系统似乎更适合较大规模的殖民地采用。例如艾蒂安·卡贝在《伊加利亚旅行记》(1840年)中的伊加利亚城,50条林荫道与50条大道垂直相交,每个社区包括15座住宅和花园。城市中有三处市民中心,一处在城市中心位置,另外两处分别位于城市两端,各类有害的工业,如屠宰场等安置在城市周边,有助于城市秩序的规划。罗伯特·欧文以及他的合伙人的社区,如约翰·明特·摩尔根的社区,像斯特德曼·惠特韦尔和其他人所描述的那样,通常都遵循平行四边形的设计。其他遵循社会主义原则设计的典型城镇是由詹姆斯·西尔克·白金汉(1849年提出"维多利亚"镇的设计)和罗伯特·彭伯顿设计的,在这些设计中,罗伯特·彭伯顿的设计更适合殖民地。本杰明·沃德·理查森在《希格亚》(1876年)的设计中认识到了日益严重的环境卫生问题。

资本家在这一时期还设计建造了各种工业城市和村庄。19世纪50年代,泰特斯·索尔特在约克郡建造了萨尔泰尔村,公理会教堂位于公共房屋区的一端,另一端则是索尔特纺织厂的入口处。在英国,其他类似的村庄还有阳光港和伯恩维尔,前者是为了安置制作肥皂的工人而建,建成于1888年,后者由巧克力制造商乔治·吉百利在1895年建立。美国人也在芝加哥建造了此类工业城镇——普尔曼城。社会控制的理念在城镇设计中司空见惯,成为建筑设计考虑的一个重要因素。杰里米·边沁所设计的著名的"圆形监狱"模型把囚犯牢房安排在发散状的辐条上,从中央大厅可以径直观察到囚犯的活动。

随着世纪的发展推进,美国建立新的首都,风格在主题内做了一些小的改动,但大部分遵循网格系统模式,虽然自18世纪30年代的佐治亚州萨凡纳市开始华盛顿特区内有了一些圆形主题的变化。奥斯曼重新设计的巴黎,除了宽阔的林荫大道和茂盛的绿植,还规划有许多宏伟的圆形建筑,常常被后人尊为欧洲最美丽的现代大都市。

19世纪末,城市规划也对工业化做出了反应,出现了一些新的设计方案,重新设想在城市生活中加入富有乡村气息的设计,这种变化在小说中最为常见。其中著名的有威廉·莫里斯关于中世纪情节的作品《乌有乡消息》(1890年)。有人认为,过于拥挤的大都市滋生了贫穷、酗酒等犯罪行为,并在社会中形成恶性循环。如布斯将军的救世军计划所设想的样子,将穷人安置到殖民地,可以让他们重新过上更纯洁和有道德的生活。或者,城市自身被彻底重新定义,正如帕特里克·盖迪斯等远见者的提议,实现"公民化"须将规模缩小,达到可以管理的限度,任何真正意义上乌托邦的实现必须从邻里关系开始。其中最为重要的努力应该是"田园城市"运动。有关城市规划的这些新现象的出现,最初是由埃比尼泽·霍华德的《明日:真正改革的和平之路》(1898年)的出版引起的,此书试图纠正爱德华·贝拉米的过度强调城市化和技术治国论,同时希望地产能最终被废除。霍华德的成绩在于营造了莱奇沃思和其他的几座田园城市,在这些城市中,住房、绿地与公民的精神关切之间的平衡被纳入优先考虑的因素。城市规划中通过道德层面的平衡来促进邻里合作的方案在之后的波西瓦尔和保罗·古德曼的《社区》(1947年)和另外一些作品中得以推广。这些著作对城市设计到

威廉·莫里斯（1834—1896年）

莫里斯是英国设计师、作家和社会主义者，艺术绘画运动的领军人物，也是维多利亚时代后期最著名的乌托邦小说《乌有乡消息》（1890年）的作者。他于1834年3月24日出生于一个富裕的家庭，在牛津大学学习期间曾与爱德华·伯恩-琼斯和其他艺术家交往，并受到约翰·罗金斯的影响。莫里斯曾成立了一家名为莫里斯公司的作坊，主要生产中世纪风格的家具和装饰品。他还创作了众多诗歌作品，特别是《杰森的生与死》（1867年）和《地上乐园》（1868年）。莫里斯起初是一个政治保守派，在19世纪70年代后期开始越来越多地参与英帝国主义和国内政策，最终在80年代初转向社会主义。他广泛地发表演讲，强调将艺术创作融入工作过程，以及将美化人类生活的外部环境作为培养人性的手段，这些主题是《乌有乡消息》所描绘的未来社会主义愿景的核心，该书起初是作为对爱德华·贝拉米的《回顾》的批判而写作的。

底是为了居住还是为了商业提出质疑。表达对失去的乡村和小镇生活的怀念的作品也在这一时期流行开来，比如舍伍德·安德森的《小城畸人》（1919年）。

19世纪，城市横向由内而外扩张，但在20世纪，城

市则开始大规模在垂直方向上迅速发展。20世纪初的芝加哥和纽约等大都市，高层写字楼和住宅成为城市建筑

埃比尼泽·霍华德（1850—1928年）

　　这位英国城市规划师著有《明日：真正改革的和平之路》（1898年），后重印再版为《明日的田园城市》（1902年），该书确立了"田园城市"作为一种理想生活方式的理念。霍华德于1850年1月29日出生于伦敦，当过职员，于1871年移民美国，在内布拉斯加州务农。搬到芝加哥后，他遇到了本杰明·沃德·理查森的《希格亚：健康之城》（1876年），这使他相信"城乡之间的某种结合"将最好地定义一个智能设计的城市空间。回到伦敦后，他开始涉足唯灵论/唯心论/招魂说，并受到彼得·克鲁泡特金和亨利·乔治的影响。后者关于地主征收的"自然增值"的概念成为霍华德经济思想的核心，1882年H. M. 海德门重版托马斯·斯宾塞的一篇短文时也是如此。他也从爱德华·贝拉米那里获得了一些灵感，不过最终他对威廉·莫里斯表示了更多的支持。霍华德坚定地认为，一个单一的、公有的田园城市，如果成功，将为整个社会的复兴提供灵感。他一生建造了两座田园城市：莱奇沃思（1903年）和韦林（1920年）。

的发展方向。不像后来的玻璃和钢铁构造，早期的建筑示范通常追求高精制，是立足青年风格和其他各类风格的精致创新。20世纪现代主义运动在建筑方面的领袖是勒·柯布西耶（查尔斯-爱德华·让纳雷的化名，1887—1965年）和托尼·加尼耶。在勒·柯布西耶的"三百万人的城市"（1922年）设计中，摩天大楼耸立于多个公园之间，优先考虑交通运输系统的设计和通信网络的铺设，住宅区根据社会阶层进行划分。在"邻里计划"（1925年）中，勒·柯布西耶提议拆除巴黎市中心建筑，为摩天大楼让路，在后来的"光辉城市"计划中，他提议让所有人住在里面。他还为里约热内卢、圣保罗、蒙得维的亚、阿尔及尔等城市做了令人印象深刻的设计，并建造了宏伟的建筑，特别是在马赛（1947—1952年）。然而，蜂巢式的设计并没有吸引所有人。拉尔夫·博尔索迪等作家强烈呼吁采用分散式居住。富有创新性的个人住房由建筑师弗兰克·劳埃德·赖特和汉内斯·梅耶等人开发，后者是包豪斯学校的校长，包豪斯学校起源于第一次世界大战后的魏玛共和国时期。在广亩城市的概念中，劳埃德·赖特提议重新让人们住进美国数千个分散的家园，从而消除农村与城市的差别。

一部分人发现，纵向发展的城市运动让人关系疏远，是非人性化的、丑陋的，也不富有个性；还有一部分人主张，资本主义发展的逻辑，所有规划都要服从商业目的的观念，尤其是要制造一个高效、可控、廉价娱乐的工人阶级，这一切都应该拒绝。20世纪中期，实验性的、以人为中心的建筑设计继续为巴克敏斯特·富勒等作家所提倡。他们试图用大规模生产的方法来实现灵活移动的需要，自给自足的房屋可以最大限度地提高个人的独立性；刘易斯·芒福德，霍华德的弟子，同时也是勒·柯布西耶的反对者，主张城市再设计时可以与乌托邦思想联系。究竟是人类自身还是机器更重要？家是车间还是工厂的附属物，抑或情况相反？主流的家庭是回避到郊外的城堡，还是重新融入更为公开的所谓空间？正如哲学家西奥多·W. 阿多诺所坚持的，标准化总是意味着集中化吗？城市只能部分地实现，还是将不可避免地成为罪恶之都而不是天堂之城？

到了20世纪晚期，城市发展的乐观前景受到挑战，人口向郊区迁移、城中贫民区数量激增、城市犯罪率攀升，以及早期租房结构恶化等因素困扰着城市的发展。人口向郊区迁移的后果是郊区变成富人聚居的模范城镇，原来的许多城市用地退化为荒地，这种恶性循环在简·雅各布斯的《美国大城市的死与生》（1961年）中被记录下来，并在迪士尼乐园等主题公园里以漫画的形式进行讲解；也有一些在后来经历了城市的复兴。理查德·桑内特等社会学家认为，一定程度上的城市混乱、无序以及无政府状态都可能促进人类自由的发展。[2]然而，高楼林立的新城仍在不断扩建。塔式大厦成为战后英国建筑设计者的首选；垂直方向的贫民窟取代了水平方向的贫民窟。国际大都市似乎成为未来理想的追逐方向。世界上最早的以现代化风格建造的大型城市是巴西利亚。在未来主义和立体主义等的推动下，苏联在1917年后产生了设计想象力的大爆发，其中包括康斯坦丁·梅尔尼科夫1929年的"绿城"计划，该计划的部分灵感来自傅立叶。苏式风格只是主导了一种独特的公寓楼的诞生，这种公寓楼提供的住宿条件很有限，狭窄且不舒服，被中国和其他地方效仿。建造绿化带和住宅卫星城，重新对莫斯科进行城市规划也仅停留在计划中，以重工业为中心才是当时共产主义发展的重点。

现代设计的政治作用在极权主义的建筑规划与实施中也十分显著。极权主义政权的公共建筑通常是气势雄伟、令人生畏、简朴严峻而具有军国主义色彩的。大规模的集会场所，如纽伦堡体育场和红场等地，其功能主要在于对领袖的崇拜和对寂寂无名却团结的群众的威慑。宽阔的通道允许人群流动，同时也方便军事控制。建筑物可能是为了纪念特定政权意识形态方面的英雄或神话，正如在意大利经常进行的气势恢宏的谋划——作为希特勒最喜欢的项目之一，阿尔伯特·施佩尔提出的柏林新愿景，将柏林更名为日耳曼尼亚。巨大的肖像、鲜明的旗帜和其他一些符号强化了个人对群体的服从。20世纪40年代的集中营将数百万人关押在反乌托邦特征最为明显的城市空间中，有关集中营的设计是考虑得最少的。在某些情况下，特别是在柬埔寨红色高棉统治时期，城市本身开始象征堕落与罪恶，只有小规模的村庄和乡村生活才受到推崇，在那里，"真正的人"——农民理想的纯洁性得以保持。

到了21世纪，城市衰败的过程出现了明显的逆转。从20世纪60年代起，保罗·索莱里等建筑师的许多创新性设计将生态主题纳入他们的设计。像亚利桑那州的"生物圈标准化总是意味着集中化吗？城市只能部分地实现，还是将不可避免地成为罪恶之都而不是天堂之城？

二号"的设计将可持续发展作为其核心目标。磁悬浮列车、风力发电厂和产出太阳能的广阔沙漠是对可持续发展的未来的描绘中常见的景象。

伟大的城市也需要引人注目的建筑,如罗马或巴黎的万神殿、大英博物馆,国王和贵族的宫殿,如布伦海姆宫或凡尔赛宫、华沙的文化科学宫、希特勒的总理府,是财富和权力的象征,此外还需要娱乐场所,如歌剧院和剧院。伟大的建筑物往往是自成一体的小都市,在历史上大肆宣扬所谓的传统或现代美德,并以军事荣誉、宗教盛况和公民权力的象征加以美化。这类具有象征意义的建筑,如位于托比亚克的新法国国家图书馆,在20世纪末继续建造。但更常见的是购物中心的发展,这是由美国引进的,数百家商店集中在一个巨大的空间里,为消费者提供包罗万象商品和洁净的消费体验。

9

第九章 作为社区的乌托邦

从震颤派到嬉皮士

乌托邦主义一定程度上可视为一种重新获得已经丧失的社区意识，或是在面临社会解体时，通过制定宪法、法律和组织模式来建立新的社会联系纽带的尝试，与更广泛的社会相比，这种社会组织可以更大程度地增强社会的责任、秩序和平等。历史学家用"意向社区"来描述一群互不相关的人出于同一个目标而自愿联合组成生活和工作的单位。社区往往把自己视为更大的家庭中的一个成员。修道院便是这样的一个社区，多种形式的聚落实验也在此类社区之列。不少聚落实验规模很小且很快失败，但也有一些获得了相当的成功。现代社群运动以小规模集体组织为特点。无论是宗教宗派主义还是世俗社会主义都提供了一种意识形态上的联系，大部分现代社区都是经年共同承担劳动并共同分享劳动的成果。

最重要的现代社群运动发生在美国，通常作为宗教及其后政治解决方案的一个组成部分，以逃避在欧洲所遭受的迫害。1780年至1860年间，在美国建立的社区约有90个。到1914年，数量又增加了200多个，20世纪后期继续增多。这些社区实验不仅被视为美国边疆发展不可或缺的一部分，而且是美国社会自身的一个重要组成部分，尤其与国家建立以来席卷整个美国的宗教复兴浪潮有关，与美国西部运动有着密不可分的联系。

美国的社群主义运动始于17世纪，1663年荷兰门诺派教徒彼得·科尼利厄斯·普洛克霍伊和法国独立派教徒让·德·拉巴迪殖民特拉华州，建立了一个强制独身、要求平等劳动和提倡俭朴生活的修道院系统。从17世纪晚期开始，大批德国虔敬派和其他教派人士进行了类似的实验，包括顿克教派人士，他们中的一些人推崇独身主义和共同财产，其中最著名的实验点是位于宾夕法尼亚州的埃夫拉塔。

现代社群主义可追溯至18世纪末，最初主要体现为宗派主义，成员像一个世纪前的朝圣者，以在新世界寻求宗教自由为目标。最成功的典型是震颤派的早期聚落，其中一些聚落至今仍然存在。从18世纪80年代开始，强调女性领导核心地位的运动再次兴起，在安·李（1736—1784年）"母亲"的带领下，震颤派教徒从英国移民过来，1787年从纽约的黎巴嫩山开始，最终在康涅狄格州、缅因州、马萨诸塞州以及最西边的印第安纳州建立了20多个聚落。独身者只能通过吸收新成员的方式来扩大规模，震颤教派充满活力的宗教文化、迷幻的舞蹈、创新的音乐、强大而虔诚的社区纽带关系和繁荣的经济——特别是他们的家具设计，至今还在生产——被证明是其成功的有力秘诀。

与震颤派一样，德国各新教派也来到美国追寻宗教的自由。其中最著名的是被称为拉普派的路德教分离者，乔治·拉普（1757—1847年）为其领导，在移民新大陆后面临严重经济危机的情况下，他们遵循基督教信念，捐献出了各自的物资。1805年至1862年间，拉普派和他们的分离者建立了十几个社区，其中一个（宾夕法尼亚的经济社区）在1847年就有1200名成员，到1905年这一社区仍然存在。他们也奉行独身主义。拉普派通过发展织布业、农业、锯木厂和其他工业获得了经济上的繁荣。值得关注的还有佐尔派,他们于1817年移居美国并在俄亥俄州定居,在那里很快便放弃了独身主义,并在1845年后为儿童做了集体生活的安排。他们共同烹饪,但以家庭为单位用餐。拉普派虽然一直都很繁荣,但在19世纪90年代便放弃了共产主义原则,他们的组织也随之瓦解。19世纪50年代,另一批德国虔敬派建立了多个阿玛纳聚落。他们建立的这些社区开始是根据公有制原则创建的,后来却被成功重组为以私有制为主的企业(以农业和制造业为基础),延续至今。

阿曼派和哈特派的聚落也是典范社群主义的例子。哈特派的起源可以追溯至16世纪早期的再洗礼派,他们在19世纪70年代移民北美,到1991年时已经在美国和加拿大建立300多个社区,拥有2万多名成员。与门诺派一样,阿曼派和哈特派都有独特的着装风格、婚姻形式和财产所有方式,成员之间宗教信仰一致,他们日常聚会礼拜必须遵循共同的仪式。哈特派的男子留有胡须,主要着黑色服装。阿曼派则尽可能拒绝现代的机械化。

就其规模而言，庞大的摩门教可谓更加成功。摩门教由约瑟夫·史密斯（1805—1844年）和杨百翰（1801—1877年）领导，教义与天使莫罗尼给史密斯的关于《圣经》补编的启示有关，即《摩门经》。由于不断遭受迫害，并被驱逐出原籍纽约，摩门教徒一路向西，在伊利诺伊州的诺伍建立城市，城市最初建立在只有1平方英里（约2.5平方千米）的几块地皮上，公共建筑位于城市中心位置。每块地皮被划分为半英亩（1/5公顷）的土地，其中包括一座房子。这座城市有2.5万名居民，在其高峰时成为该州最大的城市，城市曾计划建造一个中央"耶路撒冷"，设计有一座圣殿和一处先知住所。最后，摩门教徒被进一步驱赶到美国西北部的沙漠地区。从1846年起，他们搬到后来的犹他州，首府设在盐湖城。今天，摩门教有700多万教徒，是美国第五大宗教。该教历史上存在过多种类型的社区组织形式和财产所有制方式，至今仍然保留了社会平等和贫困救济的承诺。部分成员至今仍然实行一夫多妻制，尽管官方已不再宽容这一做法。传教活动和一部分税收成为教会扩大与繁荣的保障。

英国和法国社会主义创始人罗伯特·欧文和查尔

斯·傅立叶早在19世纪初就开始了社区主义的实验。欧文在苏格兰新拉纳克建立的工厂村并不是严格意义上的这类社区，因为这是由欧文本人作为管理者和机构法人来运营的，并不是共享意义上的"社会主义"。然而，欧文在对劳动力的生活安排中已经引入了其中一些特征，表明他在工厂村管理中是有往"社会主义"方向发展的。欧文管理新拉纳克时期，即1800年至1825年间，工厂村约有2000人居住。在此期间，欧文提高了（社区成员的）实际工资，推动了幼儿教育，阻止了私生子风气，建立了疾病、伤痛和养老的缴费基金，对偷窃和懒惰行为进行监督，并将村子分割成不同的"社区部门"，选举成员调节居民间的纠纷。有时候这个村子被称为"欢乐谷"，模范工厂村获得了很大的成功，吸引了来自世界各地成千上万的游客，成为资本主义与工人福祉协调发展的成功案例。今天，该村已成为重要的世界文化遗产，是19世纪工业社区主义的一个主要遗存。

然而，新拉纳克仅仅代表着欧文构想的诞生。从1817年开始，欧文将更多的精力用在解决贫困问题上，他将穷人安置在物资共享的农村社区，在那里劳动得以公平

罗伯特·欧文（1771—1858年）

这位威尔士社会改革家是英国社区社会主义的创始人。欧文生于纽敦，曾在一些纺织商手下当学徒，并成为曼彻斯特一个工厂的经理。1800年，他开始管理新拉纳克磨坊，积累了大量财富，成功地改善了工作和生活条件。他也想说服其他制造商，采取类似的管理方法，但不太成功，恰逢拿破仑战争后经济萧条，欧文遂提议将城市贫民安置在土地上的"平行四边形"社区里，人们可以在那里共享劳动成果。由此产生的"社会制度"，在19世纪20年代中期被称为"社会主义"，与"贱买贵卖"的"个人制度"或个人之间的竞争形成对比。19世纪30年代中期，欧文成为工会的主要组织者，他的昆斯伍德社区在1845年破产前吸收了大量资金。欧文于19世纪30年代后期和40年代早期在英国发起了一场重大的社会主义运动。

分配。从19世纪20年代到40年代，随着欧文主义运动的发展，人们曾多次尝试复制新拉纳克。1824年，欧文收购了位于美国边境印第安纳州沃巴什河畔已有的新哈莫尼社区。在报纸广告的诱惑下，申请加入者蜂拥而至。然而，仅有极少数人是因为认同欧文的理想主义而来的，更多的

第九章 作为社区的乌托邦

查尔斯·傅立叶（1772—1837年）

这位法国哲学家和社区社会主义者于1772年4月7日出生在贝桑松的一个亚麻布商人家庭。他在法国大革命期间失去财富，成为一名制衣工人，并开始相信现代化发展的主要缺陷可以通过围绕中心建筑，即方阵（phalanstère或phalanx）的社区生活系统来解决。除了精心构思的形而上学理论，傅立叶的心理学还侧重描述人的激情，满足激情是社区生活的主要目标。特别是可以将工作转化为"有吸引力的劳动"，并轮流进行，其中穿插着精致的膳食和丰富的娱乐活动，一天中都有许多工作要做。体力劳动的报酬不应是公有的，而是要在资本、劳动与人才之间共同分配的。傅立叶的著作有《四种运动论》（1808年）和《新工业世界》（1829年）。他对不受限制的两性行为大加赞美，其所著《新情趣世界》直到1967年才出版。他于1837年10月10日去世，在法国、美国和其他地方鼓舞了大量追随者。

人只是希望能分享他的财富。这些人不守规矩，装备简陋，组织涣散，他们的观念与欧文家长式的管理相抵牾。和谐很快便成为稀缺品，实验也在几年内就宣告失败。到19世纪40年代中期，美国根据欧文主义建立殖民地的尝试还有近二十次，其中包括俄亥俄州肯德尔聚落（1826—1829年）和威斯康星州的平等聚落（1843—1846年），但很少有持续超过一年的。

在英国，欧文派社区从格拉斯哥南部的奥比斯顿开始兴起，19世纪20年代中期在爱尔兰的雷拉希尼（Ralahine）获得发展，19世纪30年代在剑桥郡的马内亚芬和其他地方得以发展。19世纪40年代，一套与之相对的、旨在重新安置土地上的穷人的宪章派聚落开始建立，特别是赫特福德郡的奥康纳村（O'Connorville），以爱尔兰宪章派领导人费格斯·奥康纳的名字命名。欧文派最重要的尝试是从19世纪30年代末开始的，地点位于一个名为泰瑟利（Tytherly）的地方，也称作昆伍德（Queenwood）或者哈莫尼（Harmony）。欧文在这里投入了大量资金，旨在创建一个模范社区，这些资金由当地正在蓬勃发展的分支机构提供。欧文不遗余力地落实这一项目，使用进口的优质木料；引进了与伦敦最好的酒店相媲美的轻型升降系统，将食物送到餐厅，将用过的脏盘子带走。精心布置了花园，建立了一个精美的、类似城堡的建筑。但土地的质量很差，面临严峻的农业生产条件和工业衰退，聚落最终走向瓦解。年轻的弗里德里希·恩格斯是这一失败过程的密切关注者，他对欧文的努力表示怀念，并承认在建立社会主义之前，民族国家需要的是革命，而不是慈善的榜样。

在法国，查尔斯·傅立叶的追随者在思想上具有一定的影响力，他们为建立社区付出了各种努力，特别是在吉斯，结果却并不太成功。在美国，傅立叶主义产生了更为广泛的影响，阿尔伯特·布里斯班的《人类的社会命运》（1840年）出版，对美国经济衰退的现状有启发意义，诱发了新一轮的社区生活风潮。1841年至1847年间，约有三十个社区聚落建立起来，虽然其中大多数只存在了一两年。到1850年，经济复兴，所建立的社区只剩下威斯康星州的一个。最著名的社区是布鲁克农场（1841—1847年），最初由一群先验论者建立，其中包括拉尔夫·沃尔多·爱默生和亨利·大卫·梭罗。纳撒尼尔·霍桑的《福谷传奇》（1852年）对布鲁克农场进行了虚构的描绘。波士顿附近韦斯特伯里的布鲁克农场中有大约三十名成员渴望接受实用的基督教。其中的劳动者自愿轮换，但由于知识分子躲避较为繁杂的工作，导致无法正常轮换，出现财政困难。1844年，傅立叶派的创新计划被引入，但没有取得持久的效果。在弗鲁特兰兹和霍普代尔也进行了类似的实验。同样值得注意的是北美新泽西州的社区，持续了约十三年时间（1843—1856年）。社区里建造了一座155英尺（约47米）高的中央建筑，包括家庭公寓和单身宿舍，以及一个能容纳200人的餐厅。与其他傅立叶派社区一样，妇女亦发挥了积极的作用。劳动轮换或许是傅立叶的核心经济思想，在大多数时候都成功地发挥了作用。

法国社群主义还包括艾蒂安·卡贝试图在新世界实施他在《伊加利亚旅行记》（1840年）中确立的规则。1848年，卡贝带领着一群追随者来到得克萨斯州，打算在社会主义民主的原则下开发100万英亩（约40万公顷）的土地。然而，第一批成员中的69名死于疾病，人口数量迅速减少。卡贝本人于1849年抵达，获得了伊利诺伊州诺伍的空地，并以日益专制的方式统治着两百多名成员，他明令禁止酒精和烟草，并在居民间设置眼线。该社区最终解体。

19世纪后期，美国最著名的社区是位于纽约州北部的奥奈达，由极具人格魅力的约翰·汉弗莱·诺伊斯领导。[1]此前在1831年，诺伊斯经历了一次宗教皈依运动，他开始相信耶稣基督即将回归。饶有兴味的是，他据此得出

艾蒂安·卡贝（1788—1856年）

这位法国社会主义者是《伊加利亚旅行记》的作者，该书曾掀起火热的社区运动。他于1788年1月1日出生在第戎，后成为一名律师，在抨击君主制并流亡伦敦之前曾担任科西嘉岛的司法部长。1839年回到法国后，卡贝在其主要的乌托邦作品中描述了一个基于托马斯·莫尔和罗伯特·欧文思想的理想化社区。在这里，普选和直接民主是政府的基础，劳动是普遍的，商品和服务是免费的，并由公众提供，平等是严格规定的，吃饭时会提供同等分量的食物。当他的运动扩大到拥有成千上万的支持者时，卡贝于1848年在得克萨斯州的红河建立了一个社区，然后又在伊利诺伊州的诺伍建立了一个社区。他最后搬到了密苏里州的圣路易斯，在那里去世。他的理想被定义为僵化的平等主义，反对暴力革命主义，并对个人自由有着相当大的限制。

结论：如果人们在来世未婚，地球上的两性关系将比现在更宽松，限制更少。诺伊斯周围聚集了一群"完美主义者"，他们在"圣经共产主义"的背景下实践复杂的婚姻关系。他在佛蒙特州建立的社区里规定，只要不发展过分的个人关系，集体爱情是被允许的；他们通过性交中断的方式来避孕。一个被称作"相互批评"的过程能够确保所有程序的公开性，尽管实行独裁控制的诺伊斯本人从不遵守规定。诺伊斯因通奸行为被捕后，这个团体搬到了奥奈

约翰·汉弗莱·诺伊斯（1811—1886年）

这位张扬的美国社区社会主义者是纽约州北部奥奈达社区的创始人，也是那里推行的"复杂婚姻"制度的发明者。他于1811年9月11日出生在佛蒙特州的伯瑞特波罗，毕业于达特茅斯学院，最初学习法律，后来转为学习神学。他在耶鲁大学经历了一次宗教皈依，并开始发展他称之为"完美主义"的学说。到1836年，诺伊斯在佛蒙特州普特尼的一个小社区实践他的理想，但当地人的敌意迫使他们在1848年来到纽约的奥奈达，制造陷阱、袋子和其他物品，并保存水果，在那里，该社区繁荣了30年。多个派生团体建立了，到1874年有280多名成员。完美主义者宣称自己完全没有罪恶，这有助于诺伊斯关于性关系体系的实践，其目的之一是培养更为强健的人类。该社区还实行了不同的就业方式。后来诺伊斯的领导地位下降，社区关系日益紧张，导致一夫一妻制的恢复，社区于1881年解散。诺伊斯最后在加拿大去世，1886年，他为逃避法律诉讼来到此地。

第九章 作为社区的乌托邦

达，大约250名成员住在一栋大楼里。该社区以种群文化（Stirpicultune）开始他们的实验，通过优生优育来获得高级或更完美的人类。一些妇女选择诺伊斯本人为她们孩子的父亲；这一时期出生的58个孩子中，有9个是他的后代。

其他一些社区主义实验亦值得一提。美国内战（1861—1865年）后被解放的黑人奴隶的聚落仍在当地存在。19世纪80年代初至20世纪早期，新泽西、南达科他、俄勒冈和其他地方建立起了犹太人的农业定居点。其他团体的灵感多来自无政府主义、马克思主义或实证主义。19世纪后期在美国建立的无政府主义社区中，最著名的也许是纽约的现代殖民地，其灵感部分来自古怪的个人主义经济学家约书亚·沃伦，还有一部分来自奥古斯特·孔德的实证主义。沃伦（1798—1874年）最初是罗伯特·欧文的弟子，但他很快就对新哈莫尼的组织原则提出了批评，并提出其核心经济理念"公平的商业"，或者通过"时间商店"以公平的价格交易劳动力以确保工资公平，允许生产者直接交换其产品。1827年至1847年间，三个社区凭借以上原则而得以建立，分别位于俄亥俄州和印第安纳州。沃伦继续提出"个人主权"的原则，作为其新制度的基础。

1851年，现代殖民地成立，其成员包括斯蒂芬·珀尔·安德鲁等知识分子，被认为是最早的无政府主义和自由恋爱公社。神道论者、灵性论者、素食主义者、女权主义者、"将军"威廉·布斯（1829—1912年）的"救世军"、约翰·罗斯金的追随者、亨利·乔治和其他社会预言家，以及许多小教派，也提供了其他社区实验的案例。19世纪末和20世纪初期，加利福尼亚和太平洋西北部成为各种实验社区的所在地。其中有些是基于神秘主义的原则，如托马斯·雷克·哈里斯的喷泉池；有些是早期运动在后来的发展，如伊卡里亚集中社区；有些是原生态的，如卡维亚合作殖民地，目的是保护古老的红杉林。

就美国以外的社区运动而言，受西奥多·赫茨尔等人著作的启发，20世纪最成功的提案由以色列的基布兹提出。1909年德加尼亚的成立对基布兹有所启发，其思想中的共同劳动、共享产品和经济自给自足与犹太复国主义相吻合。20世纪50年代，基布兹思想达到顶峰，此后便走向衰落，20世纪80年代衰落速度加快。之所以快速走向衰落，是因为成员们发现极具魅力的城市生活已远远超越集体的禁欲主义的优点。鼎盛时期的基布兹运动拥有约

200个社区，成员多达9万名。直到今天，一些天主教国家的修道院和隐修院仍在为其信徒提供乌托邦式空间，尽管数量不断减少。

另一场社区实验的浪潮始于20世纪60年代的社会反叛运动，导致美国和其他地区建立了数百个城市和农村的殖民地。在蒂莫西·利里等大师的遐想的启发下，成千上万的嬉皮士和其他一些人拒绝中产阶级的社会传统，拒绝郊区消费的传统，支持感性主义的意识形态，追求自由恋爱和吸食毒品，提出了"调动、开启、退出"的口号。这往往与回归自然的诉求有关，与各种"新时代"哲学、抗议和反战政治有联系。运动很快被商业化冲击，产品被销售并被纳入主流文化，其理想也渐渐淡化，但这次运动为社会理想主义做了较为完备的准备，最终成功打破了在诸如吸毒、婚外性行为以及婚外孕等问题上的禁忌。从20世纪60年代起，约有1万甚至更多的社区建立，高峰期成员多达75万名，其中一些社区至今仍然存在。[2]他们加入社区的目的是多样化的，包括合作与生活管理、各种财产所有权和共同理念的坚持。包括旧金山海特·亚许柏里地区的掘土派等在内的殖民地是以城市为基础的。存在时间最久的是弗吉尼亚州的特温奥克斯，目前约有100名成员，田纳西州的农场也是历史最悠久的。在同一时期，出现了由一批富有魅力的（通常是基督教福音派信徒）领袖所领导的邪教团体，也包括科幻作家（作家L.罗恩·哈伯德的追随者）和印度教的各种变体，特别是俄勒冈州的拉杰尼什社区。现代邪教社区中，最著名的可能是大卫·考雷什在德克萨斯州韦科的分支大卫教派，该教派于1993年以暴力结束，还有吉姆·琼斯在圭亚那的"琼斯镇"异教，1978年，那里发生了臭名昭著的大规模自杀事件。

10

第十章 第二个革命时代

空想社会主义和无政府主义

把所有形式的社会主义都描述成"乌托邦"是一种误导。前面已经提到,乌托邦理论的要义是,当人类社会衰落时,通过对法律、宪法、宗教、社会管控、建筑和环境等的重建,使人类社会恢复到有序状态。19世纪初,社会主义继法国大革命而出现,出现的主要前提是原先占主导地位的商业体系在18世纪后期的欧洲已不能满足穷人的需求,旧有的商业体系对日益增长的个人主义和奢侈膨胀的欲望束手无策。针对这一点,社会主义做出种种回应,从保证市政牛奶的供应到利用马克思主义原理建立集中制形式的国家经济。可是,这一时期的社会主义并不全是共产主义,"乌托邦"在多大程度上适用于这些举措,取决于人们是否遵循严格的平均主义,是否坚持从根本上废除市场机制,或是否保有为社区利益做出自我牺牲的精神。

罗伯特·欧文是社会改革家,英国社会主义的创立者,同时还是苏格兰一家棉花厂的资深管理者。这家棉花厂在他的管理下成为当时最著名的行为工程学实验场。毋庸置疑,欧文被新蒸汽机潜在的生产力和它对生产力的解放彻底震撼了。然而,他也对这一进步保持高度警觉,对那些为创造高额利润而让数百名工人挤进密闭、高温又危险的环境中去从事生产的现象表示怀疑。欧文不能接受资本家可以拥有无限剥削工人劳动力权利的观点,成功地改善了其辖内工人的生活。

1815年,拿破仑战争结束,失业人数激增,欧文提议建立一个"相互合作"的社区,这个社区到1817年时将发展出自给自足的形式,甚至可以实现利益共享。欧文称其为"社会制度"。19世纪20年代中期,"社会主义"一词被用于指代这种"新制度"。19世纪30年代末,人们发现,社会主义者会"惊讶于莫尔的乌托邦与'他们正努力建设的制度'在诸多细节上存在颇多相似之处"[1]。

欧文进行了一系列社区主义的实验,对家庭和婚姻问题给出了一种较为简捷的处理建议，离婚变得较为容易。到19世纪30年代中期，欧文进一步认为民主的选举方式可以由一种政府和社会组织共同构成的系统取代，该系统中所有的人都将经历八个循序渐进的年龄组段，现有的阶层划分也将为之取代。这八个阶段包括接受教育、劳动、监督他人、管理社区以及监督社区与其他社区的关系等。此类以年龄代替阶层的"反政治"的分类方案可以从前述乌托邦传统中找到根源，同时，也将在其后马克思主义为防止党派分裂所进行的尝试中得到验证。[2]经济层面上，生产的盈余自然可以在社区间实现交换，但是在欧文的社区，产品能够在第一时间获得使用才是组织生产的出发点。奢侈的欲望在更自由放松的心态下得以缓和。所有的大城市最终都将为这种合作性质的村庄所取代。欧文主义还催生了一些文学性的乌托邦，其中比较著名的有约翰·明特·摩根的《蜜蜂的反抗》（1826年）和约翰·弗朗西斯·布雷的《乌托邦之旅》（1842年）。

19世纪初，另一位重要的社会主义者是查尔斯·傅立叶。他与欧文一样，坚决反对商业系统影响个人角色的论断。与欧文有所不同，他并不完全相信共产主义分配方式

第十章　第二个革命时代　　193

可以满足个人的人性需求。相应地，傅立叶提议在他所设计的"社区"中按照三种方式对利益进行分配，其中资本占三分之一，劳动占十二分之五，才能占四分之一。还有一处，傅立叶的方案较之欧文的规划更加不可思议。方阵生活遵循"激情吸引"的原则，个人可以尽可能地张扬对快乐的追求，而不必恐惧担上污名或罪恶。"性爱法庭"能够保证人们最低限度的肉欲满足，通过代表制度避免个人嫉妒，保证性爱实验获得支持。与欧文的社区一样，一座位于中央位置的宏大建筑是傅立叶方案的重点，类似这样的社区在法国和美国还有几座。早期社区社会主义者代表还有艾蒂安·卡贝，他所著的《伊卡利亚旅行记》（1840年）在法国激发了一场深刻的社区运动。小说虚构了一个地中海共和国，由100个省组成，伊卡利亚是他们的领袖，国家遵守严格的平均主义，对饮食、着装和婚龄以及劳动组织都有明文规定。

马克思主义前的最后一位社会主义领袖是亨利·德·圣西门，他批评了新出现的"工业社会"，建议用一个和平的联邦制国家取代欧洲封建主义。根据他的设想，科学家和行政人员将承担传统上政府所应承担的大部分职能，择优晋升，以"实业管理"的方式代替政治（马克思认为这种想法十分具有吸引力）。19世纪中期，圣西门派在法国产生了相当大的影响，他们推崇女权主义，发展出一种将

> **亨利·德·圣西门（1760—1825年）**
>
> 　　这位法国贵族在反对英国斗争的过程中放弃自己的贵族身份，帮助了美国的革命者，后成为19世纪法国主要的社会理论家。1789年革命后，他投资运河和土地开发失败而破产。他最重要的著作涉及新的社会形式的出现，他给这种形式起名为"工业主义"，从1802年开始便使用这个词。他对孔多塞和让-巴蒂斯特·萨伊都产生过重要影响。他的《论欧洲社会的改组》（1814年）提出建立一个欧洲议会，通过仲裁争端来维护世界和平。1816年至1818年间，他出版了杂志《实业》，并在接下来的几年里出版了多本小册子。这些作品的核心观点集中于赋予生产劳动者以权力，包括资本家和工人，来保证社会从封建主义或军国主义阶段顺利过渡到一个以最大化生产为导向的和平体系。在其所著《新基督教》（1825年）一书中，论证了基督教净化以协助社会转型的进程。圣西门的诸多学说被一系列追随者继承发展，其中包括奥古斯特·孔德、巴特雷米·普罗斯珀·恩凡坦和皮埃尔·勒鲁。

奥古斯特·孔德（1798—1857年）

法国哲学家，孔多塞和亨利·德·圣西门的学生，是社会科学的重要创始人，并在1830年首次将其命名为"社会学"。孔德出生于蒙彼利埃，1816年，因领导学生运动被巴黎综合理工学院开除，他对圣西门关于工业社会的描述和知识的世俗化进程产生了很大的兴趣。他将知识的世俗化做了著名的三阶段划分——神学的、形而上学的、实证的——将自己的体系粗略地称为"实证主义"，以区别于其他科学特征。他的六卷本《实证哲学教程》（1830—1842年）吸引了众多追随者，其中包括约翰·斯图尔特·密尔。孔德的乌托邦主义部分是由他提出的将所有较大的国家分解成较小的实体，而在这些实体中公民身份可以更为积极和发展的观点来定义的。他还提出建立一个由科学家和实业家共同组成的理想政府，这个政府将构成世俗的权威，而以巴黎为中心的神职人员将通过推动"人道教"来提供精神的支持。四卷本《实证政治体系》（1851—1854年）概述了孔德理论的主要特点。孔德还是一位主要的帝国主义反对者。他在英国和南美的影响相当大。

精神权威与世俗国家相结合的新的信仰。圣西门的秘书奥古斯特·孔德进一步扩充了这些主题，描述出一种新的"人道教",设计出有关未来欧洲乌托邦自己的版本。成为法国和英国19世纪中期帝国对外扩张最激烈的批评者之一。

无政府主义通常被视为乌托邦传统的一部分。现代无政府主义始于欧文的顾问威廉·葛德文,与社会主义一样,无政府主义者有很多立场和出发点,内部也有相当大的分歧。大多数无政府主义者都渴望建立一个非强制性的"无国界社会",在这个社会中,领导权不存在或被最小化,生产以适用而非利润为导向,社会被分割成一个个小的社区。部分极端个人主义形式的无政府主义,如马克斯·施蒂纳的《唯一者及其所有物》(1845年)中的无政府主义,似乎并没有真正改变社会的愿望,而只是沉湎于个人自我主义的幻想之中。之后的一些无政府主义往往是以权力为基础的,如罗伯特·诺齐克的《无政府、国家和乌托邦》(1974年)。许多无政府主义者参与了社区实验。其他人如本杰明·海伍德、莱桑德·斯普纳和埃玛·戈德曼为美国的无政府主义理论做出了重要贡献。

在欧洲,以皮埃尔-约瑟夫·蒲鲁东、米哈伊尔·巴枯宁和皮特·克鲁泡特金为代表的无政府主义是19世纪的主要流派，他们为社会组织的优化提供了长期而有力的构想。蒲鲁东（1809—1865年）是第一个标榜自己为无政府主义者的作家，他认为精神独立是每个人应该拥有的最

米哈伊尔·巴枯宁（1814—1876年）

这位俄国无政府主义者和政治作家在马克思生前对马克思共产主义的批评最为严厉。巴枯宁在莫斯科附近的一个特权庄园中长大，曾服役于帝国卫队，但是他反对俄国对待波兰人的方式。他于1840年移居柏林，之后又到巴黎，参加了1848年欧洲革命，并撰写了《对斯拉夫人的呼吁》（1848年）提议成立独立的斯拉夫联邦共和国。随后被监禁流放到西伯利亚，后逃往美国。19世纪60年代作为主要的无政府主义思想家和活动家领袖在瑞士出现。1867年，他首次用这些头衔描述自己。在加入"国际工人协会"（或称"第一国际"）后，他成为马克思在该组织的主要反对者：马克思最终于1872年计划将协会总理事会迁往纽约，以避免完全落入巴枯宁及其同伙手中。巴枯宁曾短暂地参加1870年至1871年的里昂起义，是1871年巴黎公社运动的支持者，并撰写了《巴黎公社和国家的理念》。他的诸多作品如《上帝与国家》是在去世后才出版的。

大财富之一。他的理想社会是一个"互助主义"的合作结构，在这个结构中，权力被尽可能地分散。19世纪的最后几十年间，蒲鲁东主义仍然是法国社会主义的一个强大派别。

巴枯宁与马克思不同，他渴望看到革命在农民阶级而不是工人阶级中产生。他认为人类本质上是善于交际的，并且有着追求自由的本能，因此提出了一个由平均主义、共同财产和联合式社区组织系统共同组成的未来社会。

克鲁泡特金（1842—1921年）也主张集体财产、最大限度的权力下放和生产组织下的自愿合作。列夫·托尔斯泰和莫罕达斯·甘地可视为接下来一个世纪中无政府主义传统的典型代表，而无政府主义集体公社是西班牙内战期间（1936—1939年）共和党组织的一个显著特征，在意大利、阿根廷、法国和其他地方也有建立。

尽管部分无政府主义者也是和平主义者，但其他无政府主义者，特别是在俄国，曾与恐怖主义相联系，尤其是武装暴力推翻沙皇的行动。在这里，如何建立理想社会这一经典问题与以什么样的手段和目的建立理想社会之间存在着复杂的争论，暴力是否会引发进一步的暴力，用于维持现有的剥削压迫性政权的暴力是否是正当的。这些争论反过来又融入19世纪末开始的反殖民主义和反帝国主义运动中去。

19世纪是最大规模的乌托邦建设实验的喷发期,在社区和国家两个层面上进行着诸多实质性的实验。人类历史上,俄国和中国建立共产主义制度之前的一个世纪中,一度有超过一半的世界人口名义上支持公有财产制的"乌托邦"方案。可以毫不夸张地说,这一时期见证了自17世纪以来西方科技进步的鼎盛时期。然而,越来越多的人认为,在新的社会环境中对人类行为进行行之有效的规范可以限制人们日益增长的自私和不平等,19世纪后期以来的资本主义可视为这种规范中的一种。但是,社会主义者在这一时期所设想的理想社会是一个可实现的愿景,其定义是更大程度的平等和社会公正,更加和谐和令人满意的社会环境,以及更令人满意的工作与娱乐之间的平衡。这些理想与托马斯·莫尔早期的关切相呼应,所以它们在下一个世纪也会以各种形式出现。

11

第十一章　发明的进程
乌托邦的理性主义、技术和现代性

科学对乌托邦理想产生影响大概是17世纪的事情。17世纪之前，几乎所有的乌托邦都处于一种静止或理想的状态。在这种情况下，科学研究和技术发明对乌托邦发展的推动作用并不明显，有时甚至还会适得其反。17世纪后，科学对乌托邦的影响日益加深，除了在激烈的原始主义抵抗运动期间外，乌托邦与科学几乎密不可分地交织在一起，科学进步已然成为现代化最具代表性的意识形态。[1] 早在16世纪，法国历史学家让·博丹就否定了初始黄金时代的古老观念，转而认为发明创造将开启新的未来。17世纪初，科学主题在约翰·凡勒丁·安德里亚的乌托邦著作《基督城》中成为主要的讨论对象。在他的理想城中，货币被废除，财富通过哲学家手中的石头创造，通过建立作为国家机构的实验室、药房和解剖院，科学在人们的日常生活中发挥着关键作用。

但是，最终让精灵出瓶的还是弗朗西斯·培根的《新大西岛》。该书在1624年前后完成，正式出版是在作者去世后的1627年。后世几乎所有以科学和技术为主题的乌托邦都可在此书中找到原型。培根所描绘的自给自足的本色列岛实行严格的父权制，岛上居民进行财产分配的出发点是减少贫困。所罗门宫作为科学研究中心，主管故事讲述和社会风貌描写。在这里，实验方法备受推崇，目的是要建立"对事物原因和运动机理的理解，扩张人类帝国的领土，对一切事物产生影响"[2]。实验方法在原则上与提高食品、药品、制造质量有关，同时也关系到科学研究的质量。至为关键的是，一个以公共利益为出发点的家长制国家会鼓励这种研究的进行。当然，在实践中，这也会诱使那些单纯为了支配自然的人错将装有可怕秘密的潘多拉魔盒打开。"我明白怎样做，"温斯顿·史密斯在乔治·奥威尔的《一九八四》中反思道，"但我不知道为什么那样做。"培根或许已经做出回答。

培根的时代，新科学尚未剪断与文艺复兴时期的炼金术之间的脐带，与寻找传说中的哲人石（传说能化碱金属为金）以及对长生不老的原始"生命灵药"的乌托邦式探索仍存在着密切的联系。直到17世纪初的几十年间，乌托邦仍然在描绘秘密工作的"信徒"形象。有时模仿难以让人理解的教派，像玫瑰十字会一样，过着禁欲和修道的生

弗朗西斯·培根（1561—1626年）

这位英国政治家、科学家和学者以《新大西岛》（约1624年）而闻名，《新大西岛》成为科学乌托邦的原型。培根在伊丽莎白一世的宫廷中长大，后来进入剑桥大学三一学院接受教育。在格雷律师学院学习法律，并于1582年成为大律师。1584年，培根成为国会议员，被授予骑士称号。在国王詹姆斯一世统治时期，先后成为首席检察官、掌玺大臣，并于1618年成为大陆官。1621年，被封为奥尔本斯子爵。同年，因受贿罪被罚款四万英镑，最后罚款虽被减免，但这一丑闻还是结束了他作为公众人物的职业生涯。他还是《学术的进步》（1605年）和《新工具》（1620年）的作者，两部书成为当时最著名的哲学著作。培根是一位执着的经验主义者，也是文艺复兴时期主要的文学家。

活，探索自然界深层的奥秘。许多乌托邦作家，如扬·阿姆斯·夸美纽斯、托马索·康帕内拉和外科医生彼得·钱伯伦，都热衷于通过医疗改革、改变饮食以及提高穷人生活质量来延长人的寿命。共济会等秘密组织通常也会被看作是怀有建立乌托邦的野心，而追随赫尔墨斯·特利斯墨吉斯忒斯（传说中埃及魔法和炼金术作品的作者）的赫尔墨斯哲学家们则被认为是将东方的神圣智慧带到了欧洲。据说，玫瑰十字会教徒也有他们自己的政治目标，譬如以哲学精英代替君主的统治。后来，类似的话题也常出现在对法国大革命的指控中。法国大革命被控诉为哲学教派——光照派试图颠覆欧洲君主专制而策划出来的阴谋。

加布里埃尔·普拉茨的著作《著名的马卡里亚王国的描述》（1641年）中的王国形象摆脱了这些担忧，很大程度上借助了普鲁士移民塞缪尔·哈特利布的科学思想，在五个议会委员会的监督下发展经济，以科学提高产量，增加就业。这样的一个"经验学院"将对科学研究（包括炼金术）进行集中管理和监督，目的是"在地球上建立一个千年的上帝王国"[3]。这在很大程度上启发了另一个有名的清教徒乌托邦，即塞缪尔·戈特的《新索利马，理想之城》

(或《再生耶路撒冷》,1648年)。

随着英国革命的苏醒,中世纪和文艺复兴时期几个与科学有关的乌托邦主题,尤其是炼金术,开始让位于更为现代的科学实验概念和相关的社会工程。这一变化所带来的主要成就是现代进步思想得以创建。17世纪中期,科学贡献的伟大幻想之一是玛格丽特·卡文迪什的《燃烧的世界》(1666年),其中包含大量关于当今重大科学问题的理性推测,以及一系列引人入胜的猜想。

然而,科学主题在18世纪大多数的乌托邦设想中并不占据主流位置。在《美满的岛屿》(1709年)等文本中,出于"对忧郁症和死亡的恐惧,他们把医生当作生命的保障来崇拜",医生获得了一些尊重。[4]在类似的作品中,医院往往也会受到表扬,但对庸医和药剂师的怀疑也开始出现在其他一些作品中。(例如,《有关南方未知大陆新雅典的描述》,1720年。)[5]一些关于科学探索的更深层次的模糊结果将很快出现。19世纪是一个接近于完全的乐观主义的世纪,随着辐射、电力和制冷的发现以及医学、食品栽培和节育技术的不断进步,共同富裕和寿命延长好像马上就要实现。现代典型的乌托邦——城市或郊区,充满了节省体力的设备，致力于最多的快乐和最少的痛苦——将在20世纪中期绽放最美丽的花朵。绽放之前，科学正给人们承诺得越来越多，甚至承诺一切：在《克伦威尔三世》或者《自由节》（1886年）中，电力被用于电击，让濒死之人起死回生。然而，我们也能瞥见人们对科学的黑暗面的质疑，并非所有的研究都是大公无私的，或者说，邪恶的动机正潜藏于公众意识的表面之下。

与其他文本相比，玛丽·雪莱的《弗兰肯斯坦》（1818年）本来可以重新唤醒追逐永生的主题，却巧合地创造了一个至今仍广受欢迎的科幻亚流派。《弗兰肯斯坦》充满了浮士德式的讽刺意味，几乎以一己之力扭转了启蒙运动中建立起来的进步和探索的乐观理想，揭示出更深层次的黑暗面。19世纪的许多先进发现最终将不得不与更多可疑的发明做斗争，如加特林或者马克沁机枪，乃至毒气，抑或1914年的空中大轰炸。与大规模杀伤性武器相比，大型的教育讯息似乎少得可怜。科学乌托邦与科学反乌托邦将携手迈进更加不确定的未来。到20世纪中期，很少有关于科学愿望的文学描述出现，除了精神分裂症。

在19世纪后期所有表现这一时期蓬勃发展的乐观主义

作品中，影响最大的是爱德华·贝拉米的《回顾：公元2000—1887年》（1888年）。它成为美国最著名的乌托邦著作，到1897年时，仅在美国的销量就超过40万册。1864年，贝拉米皈依宗教。而当他的信仰宣告失败时，他仍然相信，可以建立一种孔德式的"团结的宗教"，也可以建

爱德华·贝拉米（1850—1898年）

这位美国作家以《回顾：公元2000—1887年》（1888年）而闻名，此书是19世纪出现的最有影响力的乌托邦文学作品。贝拉米是浸礼会牧师的儿子，曾修习法律、经济学等学科。在成为记者前，他曾游历欧洲，并一度为马萨诸塞州的斯普林菲尔德联盟工作。他还写有其他几部小说，如《六比一：南塔基特田园诗》（1878年）、《斯托克布里奇公爵》（1879年）和《海登霍夫博士的历程》（1880年）。然而，《回顾》的成功给了他备受崇拜的地位，并导致了数十家贝拉米俱乐部的成立以及一场名为"民族主义"的社会主义运动。该运动以牺牲资本主义剥削和竞争性个人主义为代价，倡导经济正义、技术革新、普遍劳动和社会平等。小说续集《平等》（1897年）并不算成功，威廉·莫里斯就曾在《乌有乡消息》中抨击贝拉米为给人类提供理想的生活而过度依赖技术。

乌托邦与科学几乎密不可分地交织在一起，科学进步已然成为现代化最具代表性的意识形态。

立一个伟大的社会团体来确保公正、就业、工业进步和稳定。在《回顾》中，一个富有的波士顿年轻人朱利安·韦斯特从梦中醒来，他发现自己正身处一个理想的世界："过度个人主义"的弊端已被根除，从前的无政府竞争和私有财产制逐步被和谐的合作制国家所取代，在此制度下的每个人都是股东中的一员。尽管有广泛的行业和职业分工，但是生产和分配是被集中管理的。多数人要在工业大军中服役满24年；逃兵则要被关进监狱，仅靠面包和水来维持生存。妇女或在工业大军中任职或成为孩子妈妈。货币由一种类似于信用卡的不可转让的信贷系统取代，货币是直接支付给国家银行的，同工同酬。众多节省劳动力的设备中有会飞的汽车。城市居民可以通过外部人行道上的顶棚来保护自己免受风吹雨淋。电视和广播是必备的设施，艺术画廊和其他公共资源也占据部分财政支出。公共和私人之间的微妙关系得到平衡；用餐都在公共餐厅，座位是按照家庭单位来安排的。这里犯罪率低，很少有纠纷，也不需要军队。

根据贝拉米著作中概述的原则，欧洲各地以及南非、印度尼西亚和新西兰都建立了社会主义；该著作还在1893年被翻译成中文。这样的魅力可以证明一个事实:《回顾》为现代性的未来提供了一个引人注目的形象(这本书在今天几乎已无人问津)。同样,19世纪末其他的乌托邦大多通过组织劳工、民主控制经济机构和压制资本主义垄断来实现社会和政治的正义。更有趣的是西奥多·赫兹卡的《弗莱兰:社会预言》(1890年);续集《弗莱兰之行》或《重获新天堂》(1894年)。技术性更强、更加都市化的乌托邦包括查恩西·托马斯的《水晶纽扣》(1891年)。贝拉米还创作了一系列讽刺作品,包括《向后更远处看》(1890年)和《向内部望》(1893年),以及一些值得模仿的作品,如伊格内修斯·唐纳利的《恺撒之柱》(1890年)。这一时期也促进了女权主义乌托邦的扩张,特别表现在玛丽·H.莱恩的《米佐拉:一个预言》(1889年)中。

19世纪后期,对科学乌托邦的信奉导致人们过度迷恋机器,特别是那些用于旅行、探索和战争的机器。法国伟大作家儒勒·凡尔纳的作品在这方面影响甚大。凡尔纳将两种主流的乌托邦主题融合:史诗般的大航行和推动人类知识发展的新技术的应用。在深海,在高空,在地球深处,他的英雄们不知疲倦地工作,征服自然,为人类服务。然而，随着时代的发展，更具破坏性的战争威胁也迫在眉睫。未来的战争小说，如海军上将哥伦布的《189-年的大战》（1892年）越来越受欢迎。此前几十年的乐观主义的上空开始聚起云朵。

这些云朵开始变暗。19世纪晚期的乌托邦主义将达尔文的进化论吸纳进来，重申了"自然选择"思想所做出的承诺和存在的威胁。自吕库古和柏拉图时代以来，控制出生率和提高生育质量一直是乌托邦的主题。所以，乌托邦作者再次提及此类概念不足为奇。到19世纪80年代末，优生学或选择性繁育吸引了一大批支持者。很大程度上，优生学是查尔斯·达尔文的表弟弗朗西斯·高尔顿的发明，他在《遗传的天才》（1869年）中尝试证明人类的能力和天赋是可以遗传的，证明这些特征如果获得培育，便可被利用来提高人类的物种基因。这一观点激发了广泛的乌托邦式的文学讨论。这很容易引起人们从物种灭绝的角度来看待此类猜测，但这确实是分不清的。那个时代对优生主题的描述与今天人们对基因工程的认识大致相同。事实上，从柏拉图开始，优生学就被视为乌托邦主义的一个组成部分，特别是在保持身体健康的愿望方面。

通常所称的"消极"优生学，包括安乐死和淘汰不健康的儿童，在当时的情况和在今天一样，是非常容易引起争议的。埃利斯·詹姆斯·戴维斯的《公社》（或《冰下》，1875年）描述了一个瑞士冰川下的社会，因平等、互爱和财产共有而闻名。然而，这个社会中不允许身体不健康的孩子存在，格兰特·艾伦的短篇小说《法伦斯泰尔的孩子》中情况也是如此。[6]在约翰·佩茨勒的《乌托邦生活》（1890年）中，患有癌症等疾病的人不允许结婚。在桑德斯的《卡洛梅拉：非凡社区的故事》（1911年）中，有视力缺陷和听觉缺陷的人，甚至牙齿不好的人，都要被排斥在婚姻大门之外。在威廉·赫伯特的《年轻的世界》（1892年）中，职业罪犯被排除在外。有时，仅仅是作为穷人也要与普通人分离开来，如在匿名的《未来：十章素描》（1875年）中，穷人居住在"新实验室，每个实验室都是庇护所和工厂的结合体"；在其他地方，"街头阿拉伯人"在不同的机构中长大，并被教育成为"一种高级种族"（《1000年后：努索韦格林讲述的个人回忆》，1882年）。[7]

有关缩小家庭规模以及消除传染疾病等优生学思想的正面描述，往往会掩盖对优生学向"反乌托邦"转变的日益关注，并最终指向后来由阿道司·赫胥黎的《美丽新世界》所阐释的传统。以亨利·莱特的《想象之地的精神之旅》（1878年）为例，书中的科学完善了人类的美好品质，特别是慷慨和高尚。还有一些作品讨论了国家对婚姻的约束问题（墨菲《超越冰层》，1894年），限制家庭规模（安德鲁·阿克沃斯《新伊甸园》，1896年）以及国家对卫生的推广（《昆图拉：其独特的人民和非凡的习俗》，1886年）。肯尼斯·福林斯比的《梅达》（1892年）阐述了世界人口过剩的主题，威廉·海的《三百年后》（1881年）与之类似，假设了人口过剩会导致巨大的种族战争〔其他种族幻想设想了白人种族的衰落——例如，《圣徒的统治》（1911年），作者是约翰·特拉韦纳——欧内斯特·乔治·亨汉姆的笔名〕。此类主题的讽刺作品包括《红色英格兰：社会主义恐怖故事》（1900年），书中的三位医生批准了所有的婚姻，而孩子们从三个月大时就被带离父母身边去接受国家教育。尤金·里希特的《社会主义的未来图景》（1893年）讽刺了国家照顾儿童的想法。此外，沃尔特·贝桑特等作家嘲讽了"科学的胜利"的宣言。[8]

19世纪有关进步的表述还与欧洲的帝国扩张相关。欧洲技术发展越快，欧洲人作为一个种族或民族的优势就越明显。许多乌托邦，尤其是英国的乌托邦，都是以新的殖民地为背景的，如澳大利亚和新西兰，经常夸奖原社会主义方案对解决殖民主义问题的有效性。[9]然而，到19世纪中叶，欧洲大国文明殖民的使命遭到讽刺。例如，在《布兰比和克林卡塔布的历史：两个新近发现的太平洋岛屿》（1828年）中，一个热带天堂因引入了腐败和迷信的天主教而被毁灭。本杰明·迪斯雷利的《波帕尼拉大尉旅行记》（1827年）也描绘了一片土地，这片土地因引入欧洲文明而弊端重重。

于是，乌托邦的观念发生变化，反对"进步"是乌托邦做出的自然反应，并且成为这一时期的主题。19世纪初，一些城市化和工业化的批评者开始以乌托邦文学的方式表达他们对现代性的反对。其中包括托马斯·卡莱尔、约翰·拉斯金和威廉·莫里斯。对技术乌托邦主义的反应以19世纪后期的其他一些著作为标志。威廉·迪恩·豪威尔斯的《来自奥尔特鲁里亚的旅客》（1894年）中，一个仁慈的社会主义政权利用技术——以交通系统的形式——来团结其民众。居民的生活相对简单，他们住在类似于平房的建筑中，在公共餐厅食用简单的食物。莫里斯的《乌有乡消息》（1890年）虽然是以伦敦为背景，却描写了从维多利亚时代后期的过度城市化中撤退出来的情况，并给人以一个积极的形象，将国家描述成一个花园，"那里没有任何东西被浪费，也没有任何东西被破坏，必要的住宅、棚屋和工厂散布在全国各地，全部精致、整洁、漂亮"[10]。在威廉·亨利·赫德逊的《水晶时代》（1887年）中，母系社会的背景是乡村和田园，人们所过的生活是对腐败和堕落的过去的禁欲主义的撤退。赫德逊的《绿厦》（1904年）位于南美洲的热带雨林中。塞缪尔·巴特勒的《埃瑞璜》（1872年）也有一个田园风光的背景，讽刺了技术进步和社会达尔文主义的理想。在美国，亨利·戴维·梭罗的《瓦尔登湖》（或《林中生活》，1854年）将与自然界和谐相处的和平独处的农村生活与复杂、虚伪和物质主义的现代城市生活进行对比。20世纪六七十年代，《瓦尔登湖》成为人们追捧的经典。赫尔曼·梅尔维尔的《泰比》（1846年）和《奥姆》（1847年）中有关两个著名的南海岛屿乌托邦的描述都是基于作者本人的航行。它们描写了土著文化被基督教传教士破坏的过程，对巩固岛屿

> ### 亨利·戴维·梭罗（1817—1862年）
>
> 美国实用主义哲学家、自然主义者和作家，超验主义运动的主要成员。1817年7月12日出生于马萨诸塞州康科德。早期对植物学和动物学以及文学和许多其他学科感兴趣。于1837年毕业于哈佛大学，最初是一名教师；后来到家庭铅笔制造企业工作。1845年7月，梭罗开始了他的简单生活实验，在瓦尔登湖边建了一间小屋，在此生活了两年。《瓦尔登湖》或《林中生活》（1854年）描述了一种朴素的生活，与自然和谐相处，需求有限，有利于哲学的专注。这段经历既没有让他成为一个原始主义者，也没有让他成为一个反资本主义者，却让他坚定了道德和社会改革的理想。在拒绝缴纳人头税之后，他发表了《论公民的不服从》。他写下各种反奴隶制的小册子，并为反奴隶制鼓动者约翰·布朗辩护。他不是无政府主义者，但他却是后来非暴力抵抗运动的倡导者的关键启蒙者，包括埃玛·戈德曼、甘地和马丁·路德·金。

作为田园诗般的热带天堂的声誉大有裨益。《泰比》直截了当地将原始社会的"纯粹和自然的享受"与"文明"生活中显而易见的"人类痛苦的膨胀"作为一对描述对象。尽管妇女仍然承担着最为繁重的家务劳动，男人懒洋洋地躺着。[11]（此外，据说泰比人是食人族。）高更的塔希提妇女画作将成为这种浪漫化的原始田园形象的艺术表现的缩影。随着19世纪的结束，一种迫在眉睫的绝望感、颓废感和即将发生的冲突在欧洲变得越来越普遍。不得不承认，原始人的诱惑继续吸引着人们。

12

第十二章　科幻小说的兴起

超越新世界

科幻小说究竟是不是严格意义上的乌托邦的一部分，或者说乌托邦是否确为科幻小说的某一分支，学界久有热烈的讨论。1929年，雨果·根斯巴克最早发明了"科幻小说"一词。按照他的理解，狭义的乌托邦主要是指对理想联邦或城邦传统之某一部分所做的较为正式的定义，而科幻小说则是一种科学与技术占主导的次类型（sub-genre），积极表达的情况下是乌托邦的，相反就变成了反乌托邦的。（一些作家扩大化地使用"sf"指代"推理小说"，这便泛化了其定义，也与广义上的"乌托邦小说"更接近。）从狭义角度来讲，科学与技术在人们未来的愿景中会占据中心位置，人们的关注点不在宪法、制度、社区，也不在保障人类秩序和维护安全、和谐、幸福等的其他手段。然而，科幻作品似乎仍可起到社会批评或艺术模仿的作用。

科幻小说体裁以乌托邦小说前所未有的方式扣住了大众想象力的心弦。在现代电影和电视中，科幻小说占据重要位置，20世纪是一个转折，关注于科幻题材的杂志和小说空前受到欢迎，像科学教（山达基教）这样的邪教，也产生于人们对外太空和不明飞行物（UFO）的痴迷。事实上，外太空是人类最后的前沿，也可能是最后一个可被征服的疆域（很可能是最后一个被征服的疆域）。总的说来，现代世界中的神学猜想已经被科学猜想和技术猜想所取代。

地球向外太空奇幻航行情境的大胆创设，标志着现代科幻小说的兴起。这一富有想象力的跨越突破了乌托邦可能性的界限，打破了所有对现实主义或合理性的限制，专注于对多元世界的猜想。当然，直到19世纪末，太空旅行才真正变得可能，当时的H. G. 威尔斯等人提出了凭借引擎驱动的飞行。在此之前——1783年蒙特哥菲尔兄弟成功试飞热气球之后——热气球研究开启了空中飞行可能性的先河。此前有关飞行的想法仅是一种幻想，人类渴望飞上天空的最为著名的标志是注定失败的伊卡洛斯,而非富有创造力的达·芬奇。古代人,特别是毕达哥拉斯,也推测在时间和空间中有多个世界存在。

讽刺性极强的月球飞行最早起源于琉善在《信史》(约公元125年)中的戏谑设想,可飘浮于空中的理想之岛也在当时出现,但是作为乌托邦次类型的月球航行直到17世纪才被见证为真实的。古代月球神话也因望远镜的发明而被现代科学真理取代,亚里士多德所认为的地球是唯一可能存在的世界的观点屡遭挑战。这一时期最著名的故事当属西拉诺·德·贝杰拉克的《漫画故事:月球之旅》(1657年)。除了对多重世界的推测,书中还讽刺性地描绘了一个黑白颠倒的社会,在这个社会里,童贞被定罪,诗歌取代金钱的地位;约翰·威尔金斯在《发现月球上的新世界》(1638年)中认为月球上住着"月球人";弗朗西斯·戈德温主教的《月中人》(1638年)描述了一个由野天鹅驱动的飞行器,主人公找到了一个美德与和谐并存的前世天堂,那里由一个绝对的君主进行统治,食物种植不需要劳动力;而伯纳德·丰特奈尔的《关于宇宙多样性的对话》(1686年)对行星系统进行了详细的推测。

第十二章　科幻小说的兴起

到17世纪末，科学推理创造性地与基督教和谐思想和社会秩序的乌托邦愿景紧密结合起来。像《月球之旅》（1703年）的作者戴维·鲁森所主张的，基督教作家可以似是而非地认为多元世界的提法与正统基督教教义是相吻合的。伊曼努尔·康德、路易-塞巴斯蒂安·梅西耶和约翰·哥特弗雷德·赫尔德等启蒙思想家也赞同人死后灵魂可以转世到其他星球的说法。这一时期，第一批以未来为坐标的乌托邦设想开始出现：最早的是梅西耶的《2500年的回忆》（1771年），一度十分流行。书中描述了未来巴黎的景象，奢华的风气已然过时，相比过去，人们的生活非常简朴。君主立宪制从各种制度中胜出，各个阶层和国家之间的正义是世界和平的基础。梅西耶所构建的愿景不单单是对未来发展的趋势的构想，还将其着眼于世界范围。随后，荷兰语、德语和其他语言的模仿者不断出现。

与这一时期其他形式的乌托邦一样，18世纪的宇宙文学旅程更倾向于讽刺，严肃的科学推测十分罕见；一个典型的例子是莫塔·麦克德默的《月球之旅》（1728年）。罗伯特·帕尔托克的《彼得·威尔金斯的生活和冒险》（1750年）也是一部备受欢迎的作品，鲁滨逊式的故事与飞行冒险话题在书中得以结合。月球与地球之间的浪漫旅程，最初并未给世间正义与和平的乌托邦追求增加多少实质内容。它更倾向于关注太空探索或与之相关的推测——这一主题曾经并没有那么重要，仅仅是娱乐性质的，后来却成为人类想象的核心话题。19世纪，凡尔纳、威尔斯等人凭借这一主题成为读者十分喜爱的作家。20世纪末，人们登上月球，却发现他们在几个世纪前通过望远镜远远望到的并非他们心目中的乌托邦，乌托邦只是他们的希望和愿望罢了。然而下面也有一些有待发现的世界。除了月球航行，科幻小说的史前史还包括对地球自身深处的想象，如路德维希·冯·霍尔伯格的《尼尔斯·克里姆地心游记》（1741年）。[1]

现代科幻小说兴起于19世纪中期，以法国作家儒勒·凡尔纳的作品为代表，从短篇小说《乘气球的一次旅行》（1851年）发展到《地心游记》（1863年）、《从地球到月球》（1865年）和《海底两万里》（1870年）。另一位技艺高超的法国作家阿尔贝·罗比达，也为我们描绘了多个引人注目的未来生活图景，尤其是未来战争方面的设想。而在英国，那一代作家中最有影响力的乌托邦主义者当属

第十二章　科幻小说的兴起

儒勒·凡尔纳（1828—1905年）

法国推理作家，是那个时代最著名的科幻作家，也是科幻小说的先驱。1828年2月18日出生于南特（法国西部港市），凡尔纳受教于父亲的号召，从事了法律工作，但后来又做了股票经纪人，之后创作了一系列戏剧、歌剧和音乐小品。随后又痴迷于未来的交通方式。他对人类利用技术改造自然的能力抱有乐观态度，写下了几十部以科学为主题的长短篇小说，在创作上尽可能地跟上科学发展的步伐。凡尔纳集中体现了其所处时代对机械与技术创新的着迷程度。他的著作包括《地心游记》（1863年）、《气球上的五个星期》（1863年）、《从地球到月球》（1865年）、《海底两万里》（1870年）和《八十天环游地球》（1873年）。

H. G. 威尔斯，他著有一系列反乌托邦畅销小说。在《最早登上月球的人》（1901年）中，威尔斯开始探索地球之外产生广泛物种变异进化机制的可能性。威尔斯的《时间机器》（1895年）描绘了一个8000年前的世界，那里的人被划分为两类，一类是矮小的埃洛伊族人，他们平平无奇，没有先进的组织，另一类是莫洛克斯族人，他们是一群英勇好战的穴居者和掠夺者。在《世界大战》(1898年)中,威尔斯第一次将人类刻画成不如他们的外星人对手的角色。然而,世纪之交的威尔斯在道德和心智方面发生了一些变化,他开始构想一个实质的乌托邦。威尔斯在《机械和科学进步影响人类生活和思想的预期》(1901年)中,第一次花费大量笔墨努力构建自己的乌托邦愿景。他的理想世界国家的综合模式在《现代乌托邦》(1905年)中被勾勒出来。威尔斯不仅描绘了一个不断发展的、"动态"的而非静态的乌托邦,而且涉及一个至关重要的机构——"志愿贵族",或武士阶层,他们通过群婚制度结合在一起,强烈的社会责任感维系着社会的未来,以此发展"更好的",限制那些"不好的"类型。虽然乌托邦中的多数财产归集体所有,但劳动者并不受国家奴役。国家的大多数人口居住在城市中。威尔斯还提出了按照罗伯特·欧文建议的方式建立新社区。类似的计划出现在威廉·汤姆森的《社会主义纲领》,或者是《即将到来的千年一瞥》(1894年)中,工人阶级被重新安置在一个超级大的旅店里。

科幻小说在20世纪初期的发展是与一系列重要的现实

事件不可分割的：科学发展到哪里，科幻小说便跟随到哪里。镭的发现及其在X射线中的应用推动了虚构射线枪的发明。毒气在第一次世界大战中的使用被投射到广泛的虚构应用中。载人飞行始于1903年莱特兄弟在北卡罗来纳州的实验，空战的思想便在威尔斯的《空中战争》（1908年）等作品中得以讨论。但是，直到20世纪40年代，火箭技术的发明才使太空飞行的可能性变为现实，没过多久，20世纪40年代末，对飞碟的狂热喜爱便占据了大众的想象力空间。相信UFO实际存在的人数已达数百万，虚构与现实之间的界限也就变得越来越模糊。然而，飞碟真实存在的真相却一直被隐瞒，人们猜测其原因大概是为了避免引起公众恐慌，这也成为现代社会的最大秘密。其他的重大发展，包括核能的发现和核武器的发明，永远改变了人们对科学如何指导或支配未来的看法，也永远改变了人们如何依赖科学创造以及何以成为科学创造的囚徒的看法。到了20世纪50年代，核战争爆发，后世界末日景象开始出现，包括威尔逊·塔克的《漫长而喧嚣的寂静》（1952年）。在二十年的时间里，生态灾难的幽灵也将以虚构的形式被设想出来。更为传统的灾难想象出现在彗星撞击地球或银河地球向外太空奇幻航行情境的大胆创设，标志着现代科幻小说的兴起。这一富有想象力的跨越突破了乌托邦可能性的界限，打破了所有对现实主义或合理性的限制，专注于对多元世界的猜想。

系大爆炸一类的小说中,一个早期的典型是埃德温·巴尔默与菲利普·怀利所著的《当世界毁灭时》(1931年)。

科学的堕落在玛丽·雪莱的《弗兰肯斯坦》(1818年)中进行了讨论,此书又名《现代普罗米修斯》,书中塑造了两个强有力的形象——科学怪人(构成了珀西·雪莱的一首诗歌的副标题和主题)和科学怪人创造的怪物,这两个形象在20世纪的科幻小说中扮演了重要角色。最引人注目的是科学概念的模棱两可,这与乌托邦中的情形一样:科学既可能带来健康和财富,也可能释放黑暗的、破坏性的力量,正如乌托邦可能带来安全和富足,却又不得不以失去自由和自主性为代价。〔之后表现这一主题的代表作品是罗伯特·路易斯·史蒂文森的《杰基尔博士与海德先生奇案》(又译《化身博士》,1886年)。〕与此概念相似的是对不死之身或不完全死亡的持久追求,从此有关吸血鬼(1897年,在布拉姆·斯托克的《德古拉》中被唤醒)、木乃伊和其他食尸鬼主题的作品大受欢迎。它们与一些超人类的作品有很多共同点,一起被视作科幻小说,如爱德华·布尔沃·利顿的《即临之族》,或《新乌托邦》(1871年)。这类作品与古代和中世纪记载怪物的知识之间,差

玛丽·沃尔斯通克拉福特·雪莱（1797—1851年）

《弗兰肯斯坦》，又名《现代普罗米修斯》（1818年，1831年修订）的作者，英国人，哲学家威廉·葛德文、现代女权主义先驱（以玛丽·沃尔斯通克拉福特的名义）的女儿，诗人珀西·雪莱的妻子。玛丽·雪莱于1797年8月30日生于伦敦，母亲因难产而去世，她在极度困难的经济环境中长大。1814年，她和珀西·雪莱私奔到欧洲大陆，并于1816年年底结婚。《弗兰肯斯坦》在瑞士完成，是在拜伦的陪伴下完成的，丈夫雪莱为之作序。这部著作通常被认为是浮士德神话与哥特式主题结合的产物，与其父亲的政治著作中所阐释的法国革命思想遥相呼应，它开创了现代科幻小说的流派。玛丽·雪莱专注于科学家试图以创造生命本身的做法来过度扩展平凡人短暂生命的想法，这部作品也探讨了戈德温主义主题，如人类的纯真，或"自然的"人性，以及这一时期占主导地位的价值体系的崩坏过程。玛丽·雪莱的其他出版作品还有《瓦尔伯加》（1823年）和《最后一人》（1826年）。

别并没有我们所想象的那样大。

如果以怪物进行比喻显得有些陈旧的话，那么人类创造怪物的主意却总能推陈出新。最早构想出来的怪物是人类科学实验的产物；到20世纪初，在雨果·根斯巴克的《拉尔夫124C·41+》（1925年）等作品中，机械人或机器人逐渐取代比它们更易出错的人类前辈。人工智能作

爱德华·布尔沃·利顿（1803—1873年）

这位英国政治家和作家是《即临之族》，或《新乌托邦》（1871年）的作者，英国维多利亚时代晚期最著名的乌托邦作品之一。布尔沃·利顿出生在伦敦，是一位将军的小儿子，1826年毕业于剑桥大学三一学院，1828年以小说《佩勒姆》获得成功。他的其他作品包括《庞贝末日》（1834年），一部广受欢迎的历史著作，还有《里恩齐》（1835年）。他的小说创作最终数量达到43卷，还不包括剧本。他曾一度担任《新月刊》和《每月大事》的编辑。作为自由边沁主义者，布尔沃开始了他的政治生涯，于1831年至1839年担任国会议员。1852年，他作为保守党成员再次进入政坛，在1858年至1859年期间担任殖民地大臣。1866年退休，晋升贵族，成为利顿男爵。《即临之族》讽刺了中产阶级的价值观，尤其针对美国价值观，以及对达尔文进化论和科学技术力量的痴迷。该书还特别关注维利-亚，一个生活在地下的优越种族的进化，他们拥有一种能够消灭贫穷、减少辛劳的电磁力。

为一个可行的概念开始出现，人类智力的局限性日益变得明显，这种趋势在第一次世界大战后便已出现。（在其他行星上寻找智慧生命的做法招致了许多反驳，因为在地球上尚未能发现智慧生命。）怪物们可能被发现正潜伏在地球某处的角落里，"失落的世界"主题——本身就是早期奇幻旅行文学的一个分支——已然抓住了20世纪初大众的想象力。诸如H. 赖德·哈格德的《所罗门王的宝藏》（1885年）、埃德加·赖斯·巴勒斯的泰山系列和阿瑟·柯南·道尔的《失落的世界》（1912年）等作品将探寻的浪漫与对别人不小心丢失的财富的垂涎和原始的畸形的吸引力结合起来。达尔文主义引发了人们对原始民族的新的审视和对所谓的"劣等种族"的新的歧视，这些民族被描述为进化斗争中必定要灭亡的民族，他们民族的财富不可避免地在灭亡之前被掠夺殆尽。非人类的生物经常被描绘成拥有更大尺寸的脑袋，因此也就拥有更高的智力，尽管它们不一定拥有比人类更深邃的道德前景。它们在外表上看上去越接近人形，它们在品性上也就会表现得越发友好。然而，更多的情况下，它们被描绘成具有侵略性和执着于统治别人的人，这是对现代早期以及现代化过程中人类帝国冒险主义的有趣反转。然而，大多数情况下，他们都被来自美国的太空开拓者战胜了。早期的代表有《爱迪生征服火星》（1909年）。

优生学为19世纪末20世纪初的乌托邦/反乌托邦作品提供了大量丰富的素材，一种新的机械与人类的混合体——半机械人开始出现。到20世纪80年代，科幻小说的另外一种类型，即赛博朋克也已出现。著名的早期代表是威廉·吉布森的《神经漫游者》（1983年），在其中，主导的信息系统主题与城市异化主题得以结合。千禧年种族主义乌托邦/反乌托邦再次出现，最为臭名昭著的是阿道夫·希特勒的《我的奋斗》（1925年），其中充满了灭绝世界上的犹太人和征服苏联的暗示。进化理论所提供的视角中也包含着20世纪30年代早期科幻小说家为人类未来所做的长远构想。如斯蒂芬·巴克斯特（《流形：时代》，1999年）、奥拉夫·斯特普尔顿（《最后与最初的人类》，1930年）、罗伯特·海因莱因（《异乡异客》，1961年）等作家因对几百万年后人类进化的预测而闻名。有史以来最受欢迎的科幻系列小说也许是艾萨克·阿西莫夫20世纪40年代初开始出版的《基地》三部曲，这部作品详述了长期以来文明的衰落以及如何拯救文明的话题。

科幻小说通过各种方式与政治扯上关系。19世纪末，德国开始挑战英国的帝国地位，未来战争小说受到人们的青睐。从乔治·汤姆金斯·切斯尼的《杜金战役》（1871年）开始，许多作品的出版，如威廉·勒奎克斯的《1910年入侵》（1906年），带来很多社会焦虑。伴随着各类胜利者的出现，种族间的战争被广泛描写：在斯坦迪什·詹姆斯·奥格雷迪的《世界女王》或《暴政之下》（1900年）中，21世纪的伟大战争在英国人和中国人之间展开。各式各样的独裁者被构想出来。在亚历山大·波格丹诺夫的《红星》（1908年）中，一个布尔什维克式的社会出现在火星之上。科学科幻小说也在多个层面上与宗教相结合。在路易斯·波普·格拉塔卡普的《未来火星生活的确定性》（1903年）中，将灵魂安排在这颗红色星球上定居，他们通过秘术和电力同地球上他们的后代沟通。火星是科幻小说的重要叙事背景，第二次世界大战后最著名的科幻作品之一、金·斯坦利·罗宾逊的三部曲《红火星》《绿火星》和《蓝火星》（1992—1996年），以宏大的故事情节叙述讨论了在火星定居的前景。20世纪60年代末以后，性别政治在科幻作品中占据重要地位，其中最著名的是厄休拉·勒古恩的《黑暗的左手》（1969年），通过描写一个雌雄同体的人居住的星球来探讨性别角色。

厄休拉·勒古恩（1929—2018年）

这位美国科幻、奇幻、反乌托邦和女权主义作家的最著名的代表作是《黑暗的左手》（1969年）、《一无所有》（1974年）和《永远的家》（1985年）。勒古恩的父母是人类学家和作家，作为他们的女儿，勒古恩在加州伯克利出生并接受教育，相继从拉德克利夫学院和哥伦比亚大学毕业。11岁时，勒古恩便开始写作，1966年首次出版科幻小说《伊库盟世界》《流亡星球》。这两部小说是"瀚星循环"系列的开端，其中包括《黑暗的左手》《一无所有》，以及《世界的语言是森林》（1976年）和其他作品。《苍鹭之眼》（1983年）是一部比较悲观的反乌托邦作品。勒古恩的作品还有一些短篇小说、诗集、儿童故事和非虚构主题的作品。除了女权和科幻主题，她的作品还涉及非西方宗教主题和人类学、心理学、社会学话题，以及无政府主义、环境问题以及老龄化问题。

13

第十三章 反乌托邦的多样性

极权主义及其之后的讽刺与现实

20世纪出现的法西斯主义经常在这一时期出现的反乌托邦文学作品中得以体现，文学中出现的它们的形象通常与极权主义有联系。乌托邦孕育于极权主义的观点在亚里士多德对柏拉图的《理想国》进行批判时便已形成。

对于政治和人类野心的滑稽模仿早在斯威夫特的《格列佛游记》（1726年）中就已出现。这类故事在此后新出现的科幻作品中得到延续和重新阐释，玛丽·雪莱的《弗兰肯斯坦》（1818年）为之做出了不少贡献。法国大革命（1789年）以后，几乎所有形式的大规模的理想主义社会工程都不可避免要崩溃的警示均来自托马斯·罗伯特·马尔萨斯的《人口论》（1798年）。其核心观点是，社会无论多么理想，都摆脱不了人口过剩的问题，而人口过剩势必会导致贫穷、饥饿、疾病和战争。从那时起，多种版本的世俗化的《启示录》开始出现；以过去为背景的乌托邦描写在数量上逐渐变少。

然而，直到19世纪后期，反乌托邦才开始作为一个独立的子文类出现。它们的出现是对19世纪80年代中期以来蓬勃发展的各类具有社会主义倾向的运动的回应，但也从社会达尔文主义中凝聚了主题，尤其深受优生学的影响。1917年俄国革命以前，这类作品经常描写革命误入歧途，崩溃走向独裁，血流成河并导致资本主义的复辟（如查尔斯·费尔柴尔德的《1888年的社会主义革命》）。H. G. 威尔斯在他早年时期曾作为小说家尝试各种反乌托邦体裁，他的作品《时间机器》（1895年）讽刺了优生学，优生学在他的《莫洛博士岛》（1896年）中再次受到讽刺，《当睡者醒来时》（1899年）揭露了寡头奴役制。有关民族战争的幻想在这一时期也十分流行，典型的有罗伯特·威廉·科尔的《为帝国而战：2236年的故事》（1900年）。资本主义反乌托邦在第一次世界大战之前出现，杰克·伦敦的《铁蹄》（1908年）尤为著名，这是一部革命社会主义题材的小说，描述了一个从华尔街发展起来的寡头独裁政权（大致基于美国的托拉斯，或工业垄断），打压工人权利的故事。女权主义反乌托邦也伴随着夏洛特·珀金斯·吉尔曼的《她在他的国》（1916年）以及她的其他几部作品的面世而诞生。法西斯主义的盛行推动着反法西斯反乌托邦作品的出现，著名的有凯瑟琳·布尔德金的《卐字之夜》（1937年）描绘了残暴战胜基督教仁慈的故事。

反乌托邦子文类伴随着叶夫根尼·扎米亚京的《我们》（1924年）的出版而诞生在漫长的战争岁月里，许多人因战争而丧生，一位"恩主"和柏拉图式的"监护人"对这个社会进行着高度监管，"众一国"将个人编号，安排住进小隔间的玻璃房里，个人的行为不断受到纠正，持不同政见者的思想被压制。日常生活受到严格管制——只有在"个人时间"，一些被禁止的活动才是被允许的。性关系是被安排的，通过申请和配给制维持。与这种荒凉、压抑的氛围形成鲜明对比，作品描述了一块法外之地，一群原始人在那里居住。主人公d-503对严酷的制度感到绝望，成功地越过边界，进行非法的性关系。他参加了一次小规模的政治叛乱，被抓获处死。小说的大部分内容在乔

夏洛特·珀金斯·吉尔曼（1860—1935年）

这位美国经济学家、女权主义者、教师和作家以其《女性与经济》（1898年）、《她的国》（1915年）而闻名，《她的国》常被视作20世纪早期女权主义乌托邦最重要的作品。吉尔曼出生于美国康涅狄格州哈特福德市的一个家庭，因家庭贫困而未接受正规的学校教育，后来嫁给一位艺术家。吉尔曼在政治方面非常活跃，是费边社和爱德华·贝拉米民族主义运动的成员。《她的国》首次在自己编辑的《先驱》杂志发表，小说讲述了在非洲发现了一个失落的文明，妇女在社会中占据主导地位，宗教方面以母系泛神论为中心，他们通过单性生殖繁衍后代，人口受到严格的控制。从1904年到1928年，吉尔曼更为广泛地推动了女性选举权和妇女解放事业，相继参加了城市复兴、农村再定居、世界和平等运动。她的著作还有《家》（1903年）、《人类工作》（1904年）、《移山》（1911年）、《男人造的世界》（1911年）。吉尔曼最初未发表的作品还有《一个女人的乌托邦》（写于1907年，1995年出版）。《她的国》的续集《她在他的国》也于1916年相继在《先驱》杂志发表。

治·奥威尔的《一九八四》（1949年）中被改编。类似的主题在约瑟夫·奥尼尔的《英格兰治下的土地》（1935年）中得以发展，精神控制成为其核心话题。

战时最重要的讽刺作品没有将注意力集中在极权主义本身，而是关注于资本主义内部的运作。阿道司·赫胥黎的《美丽新世界》（1932年）描述了一个等级森严的社会，社会中的优生选择和社会工程确保了特权阶层的安全统治，并为社会提供了充足的自愿劳动力。精英阶层的阿尔法们被频繁的性爱与毒瘾分散了精力，沉迷于唆麻饮品的人们暂时性地回避了在尘世的所有忧愁。赫胥黎作品中未受腐蚀的原住民约翰与被洗脑的精英们形成鲜明对比。然而，约翰的纯真在后来物欲横流的主流文明中却被排斥，并最终失去意义——他的自杀是对赫胥黎新世界中生命不可能存活的有力证明。小说中所描绘的集体无意识被认为是潜伏在资本主义体系中的真正的危险，浅薄的利己主义逐渐控制了整个资本体系。与奥威尔的观点一致，赫胥黎认为物质享乐主义与无神论是许多现代问题出现的关键原因。但是，除了在此后的小说《岛》（1962年）中所隐含的唯心论外，赫胥黎并不能提供行之有效的哲学解决方

阿道司·赫胥黎（1894—1963年）

这位英国作家和评论家的代表作《美丽新世界》（1932年）是20世纪最重要的以优生学为主题的反乌托邦讽刺小说。1894年7月26日，赫胥黎出生于英国萨里郡戈德尔明镇一个著名的科学和哲学家族（祖父是被称为"达尔文的斗牛犬"的托马斯·亨利·赫胥黎），在伊顿公学和牛津大学接受教育。20世纪20年代，赫胥黎成为一名成功的小说家，著有《男女滑稽圆舞》（1923年）、《针锋相对》（1928年）、《盲人在加沙》（1936年）等作品。1937年赫胥黎移居美国，居住在加利福尼亚州，直到1963年患癌症离世。赫胥黎在其最著名的作品《美丽新世界》及续作《重返美丽新世界》（1958年）中以散文形式表达了反乌托邦的主题，在《岛》（1962年）中进一步完善了乌托邦的构想，这很大程度上与他所受的外界影响有关，佛教、神秘论以及致幻毒品麦角酸二乙胺（LSD）等对其影响很大。《美丽新世界》通常被认为讽刺了大众传媒对人们行为的操控，特别是在现代美国，同时也是对狂妄的科学家和优生学理论所带来的风险的更严厉的警告。

案。安·兰德的《颂歌》(1938年)也属此类主题,书中非人性化的主角"平等7-2521"是国家优生计划的产物。"他"通过对体制的反抗,重获新生(以他的日记和对古典文学的重新发现为标志)。兰德因而成为美国右翼自由主义的代言人。

相比之下,现代最著名的反乌托邦作品,乔治·奥威尔的《一九八四》(1949年),是作者作为社会主义者在西班牙内战期间参与政治活动时的作品。世界在奥威尔笔下是阴郁的、灰暗的、压抑的,它是由领导者"老大哥"(一个类似于希特勒的救世主)无所不能的指导,以及社会成员仪式性地对国家的无条件服从和盲目崇拜所定义的。电幕实现了监视的不间断,无处不在的思想警察将每个人的行为纳入监控视野下。父母被子女出卖,人们相互揭发,统治阶层也弥漫着互不信任的空气。这种制度的出发点就在于实现对权力的控制,并将集权视为执政的终极目标。改写历史和否定客观真理概念则是为了应付少数受过教育的人。这种情况下,"无产者"即劳动者,基本上只能自生自灭,靠苦力、赌博和廉价娱乐来打发日子。富有个性的"自我生活"遭到无情的压制,奥威尔笔下的反

乔治·奥威尔（1903—1950年）

英国小说家兼新闻记者，同时也是现代最著名的反乌托邦小说《一九八四》的作者。奥威尔1903年6月25日出生于孟加拉的一个帝国公务员家庭，原名埃里克·布莱尔·奥威尔，在伊顿公学接受教育（获得奖学金），1922年至1927年间在缅甸印度帝国警察部队服役。这段经历让他变得激进，回到英国后开始创作小说和报告文学，著有《巴黎伦敦落魄记》（1933年）、《缅甸岁月》（1934年）、《牧师的女儿》（1935年）和《叶兰在空中飞舞》（1936年）。奥威尔在《通往维根码头之路》（1937年）中阐述了他新发现的社会主义信仰。1936年至1937年，奥威尔在西班牙参加了反弗朗哥政变的共和党，在其作品《向加泰罗尼亚致敬》（1938年）中讲述了这段经历。《上来透口气》（1939年）一书确立了他商业资本主义批评家的地位，但是，在他的战时作品《狮子与独角兽》（1941年）中却坚持认为，社会主义要想取得成功，必须与英国的宽容美德、个人主义以及国家对政治经济的自由放任相结合。在战时及战后的新闻报道，以及他的另外两部政治讽刺小说《动物庄园》（1945年）、《一九八四》（1949年）中，都表明了奥威尔对已经毒害了各地知识分子的权力崇拜的厌恶。1950年，奥威尔死于肺结核。

叛英雄温斯顿·史密斯很容易暴露。随后的酷刑和审问是不可避免的。《一九八四》的警示作用更多地在于权力崇拜对知识分子的影响，以及无节制的享乐主义追求对大众的影响。同赫胥黎一样，奥威尔预感到现代社会可能只会自娱自乐，并渐渐地走向灭亡。

20世纪后期的乌托邦作品中包含了反乌托邦的元素，B. F. 斯金纳的《沃尔登第二》（或译作《桃源二村》，1948年）发展了行为工程或科学管理的主题，甚至倾向于消除人的自主性和个性，社会的目的是要催生快乐和扩大利益。小说的背景设置在一个国营的托儿所，在那里，孩子们习惯于拥抱爱和社会的美德，这样他们就避免了反社会的行为。多丽丝·莱辛的《幸存者回忆录》（1974年）是一部更明显的反乌托邦作品，女权主义的吸引力被其对于一个充满暴力、帮派横行城市的绝望描述所平衡。玛吉·皮尔西的《时间边缘的女人》（1976年）讲述了女权主义者在一家精神病院中抗争的故事，作者将其与22世纪的理想公社进行对比。厄休拉·勒古恩的《一无所有》则占据了反乌托邦与乌托邦之间的灰色地带。

在19世纪下半叶欧洲各帝国实施殖民统治以前，相关的极权主义史料记载并不详细。19世纪的最后几年里,古巴和南非建造了大量关押平民的集中营。大规模的处决与剁手司空见惯,已经成为利奥波德二世国王维持刚果橡胶奴隶制国家运作的一种手段。殴打、监禁和剥夺公民基本权利在整个殖民世界已经习以为常。种族主义成为列强征服世界的重要工具。英国、法国、德国、意大利、西班牙和葡萄牙等几大欧洲帝国的"超级国家"理想,就是如此这般将一种反乌托邦的真实体验施加给数以亿计的非白人种族的。

国家社会主义,或称纳粹主义,提倡种族优越的理念,金发碧眼的雅利安人象征着尼采哲学中的超人形象。优生工程则是为了防止异族通婚和患有严重遗传性疾病的人对后代的影响,使上一代人对此类实验的文学性预测成为现实。犹太人被用作宣传仇恨的特殊人群;后来的吉卜赛人、同性恋者和其他人也有着相似的命运。国家社会主义也以此种方式歌颂德意志民族的优越性。

群众集会是法西斯主义政权最为有效的工具,具有庆祝和展示权力的作用。有记载的纳粹的第一次集会是在纽伦堡举行的。纳粹宣传充斥着对健康、运动精神、阳刚之气和男子气概的崇拜。母爱在某种程度上也成为歌颂的对象，大家庭的维护是巩固政权最起码的要求；儿童也成为关注的焦点，因为革命政权的青年被认为是从未被以前的旧社会所玷污的。与自然和谐相处也是一些国家社会主义用以宣传的话题。法西斯治下的意大利，墨索里尼试图以唤起罗马帝国精神为口号扩展其在非洲的殖民地。日本军国主义对天皇和自我牺牲的精神推崇有加，第二次世界大战结束前夕派出自杀式"神风敢死队"便是其集中体现。在不同的国家，尤其是德国，也出现了新的建筑风格以取代旧的风格，强调雕像式的（轮廓清晰的）、气派的、使人感到敬畏的风格。

从纳粹集中营，特别是奥斯维辛-比克瑙集中营可以发现，现代极权主义是一个大规模灭绝与奴役的制度。奥斯维辛博物馆中的"发厅"里有一座几乎完全是灰色的、被剃的人类毛发堆积成的山，约有10米长，数米高，这些毛发最初是准备用于制作服装、靴子的衬垫的，这也许是世俗的功利主义与大屠杀精神融为一体的最令人触目惊心的唯一标志了！20世纪90年代初，苏联解体使这类政权几乎无一幸免地受到冲击。反乌托邦不仅会回归更为传统的主题,如核战争与环境破坏的威胁,随着空间与时间的推移,科幻小说想象力的边界还会进一步向外延伸。

14

第十四章　乌托邦、科幻小说和电影
最后的前沿

20世纪之交，类型科幻小说与影视创作几乎是在同一时期蓬勃发展起来的。两者都与科技建立了不可分割的联系。最早的电影之一，由费迪南·齐卡执导的《征服天空》（1901年），首次使用分屏技术将一个飞行器的图像悬置在巴黎上空。至20世纪80年代，计算机合成的大屏幕电影图像已在观众心目中留下前所未有的深刻印象。然而，此时乌托邦的内涵并未发生大的变化，情节和冲突方面的变化也微乎其微。很多知名的乌托邦文学也不曾有人将其拍成电影搬上荧幕。当然也有为数不多的个例，弗兰克·卡普拉导演的《消失的地平线》（1937年）将故事背景设定在喜马拉雅山脉高处的香格里拉神秘山谷之中。所描绘的是一个神秘的社会，苦行、自我牺牲和藏传佛教的宗教秘仪让人延年益寿，并助益人们形成高尚的德行。1972年、1979年这部电影的改编版出现，但人们还是更喜欢原版的影片。原版影片是对反乌托邦主题的改编，动作与冒险设计都独具匠心，因此，几十年来备受电影制作者追捧。

将科幻小说改编为电影，乔治·梅里爱是首创，他于1902年执导的《月球旅行记》最早使用了特效，电影改编自儒勒·凡尔纳的《从地球到月球》。梅里爱还根据凡尔纳的同名小说制作了电影《海底两万里》（1907年），又于1916年拍摄了该片的好莱坞版。第一部"泰山电影"（动画片）也在次年（1917年）问世。此后，各种子类型的影片陆续推出，涵盖并丰富了科幻体裁，成为有史以来最受欢迎的电影。这些影片中对怪物形象的塑造是持之以恒的。1910年，詹姆斯·塞尔·道利执导了16分钟的同名电影《弗兰肯斯坦》，通过这部电影，弗兰肯斯坦科学怪人的形象得以确立。随后几十年中，数十部相似主题的影片相继上映：其中1931年改编的一种被认为是同类影片中最好的，怪物由波利斯·卡洛夫扮演。由该主题衍生出来的作品也备受观众喜爱，包括《弗兰肯斯坦的新娘》（1935年）和《科学怪人大战狼人》（1943年）。当然，"科学怪人"主题的改编也出现在许多其他类型的电影中。影片《独眼巨人博士》（1940年）中，一个邪恶的天才将他的俘虏缩小，以此取乐。在《变蝇人》（1958年，1986年重拍）中，一位科学家成功地把自己的头摘下，换上苍蝇的头。《恐怖岛》（1966年）中有一情节，变异的病毒在吸食受害者的骨髓。

失落岛的主题是在早期多部电影中确立的，其中的《亚特兰蒂斯的情妇》（1932年）是一部德国电影，故事背景设置在撒哈拉沙漠的神秘空间中。之后的代表有《失落的世界》（1925年，1960年重拍），由玛丽昂·费尔法克斯根据阿瑟·柯南·道尔的同名小说制作，影片中出现了恐龙。《被时间遗忘的土地》（1975年）也属此类主题的电影。另外还有与异国怪物有关的影片，如《金刚》（1933年第一次拍摄）。科幻类电影可被视为一个整体，通过使用特效，特别是20世纪末以来计算机图像生成（GGI）技术的引入，获得长足进步。史蒂文·斯皮尔伯格的《侏罗纪公园》（1993年）及其续集，以及《印第安纳琼斯》

(《夺宝奇兵》)系列,都说明此类电影受到观众的持续欢迎。

科幻小说中的超级英雄类似于乌托邦主义的立法者或社群主义的创始人。超级英雄灵感来自古代神话,神话中神与人的后代拥有神奇的力量,超级英雄最常见的化身是蝙蝠侠和超人,在20世纪30年代的美国连环画中经常出现。《飞侠哥顿》(1936年)是第一部超级英雄电影,不久之后《飞侠哥顿勇闯火星》(1938年)和《巴克罗杰斯》(1939年)陆续上映。《超人》和《蝙蝠侠》先后于1948年和1966年上映;之后两部电影又被重拍。影片中善与恶的简单化对比缓解了战后日益明显的城市衰败、犯罪和社会结构分崩离析的感觉。

非人英雄和反派角色也在科幻片中占据重要地位。机器人文类在弗里茨·朗的《大都会》(1927年)中首次得到体现。这部电影经常被称作颇具想象力的未来主义电影的典范,以一个(木制)机器人为主要角色,情节中透露出对马克思主义阶级斗争理论的借鉴。机器人主题在一些影片中得以延续,如《西部世界》(1973年)、《未来世界》(1976年)、《机械战警》(1987年)和《我,机器人》

（2004年）。

也许最为成功的科幻电影改编当属飞碟/外星人入侵题材了。20世纪50年代初，随着火箭发射成功，对外星人入侵的切实恐慌以及对刻意隐瞒的质疑，紧紧扣住了中年人和青年人想象力的心弦。20世纪50年代的十年是以《火箭飞船X-M》和《登陆月球》的拍摄制作开始的。《怪人》（1951年）、《地球停转之日》（1951年）、《宇宙访客》（1953年）、《外星人入侵》（1957年）继其后而获得更多瞩目。以外星人入侵地球为主题而创作的最新且具有代表意义的电影是《独立日》（1996年）。H. G. 威尔斯的《世界大战》在1953年首次拍摄时显得笨拙而粗陋，经史蒂文·斯皮尔伯格翻拍后获得成功，由世界知名演员山达基教信徒汤姆·克鲁斯担纲主演。[1]其中特效部分也不可同日而语。[2]斯皮尔伯格导演的《第三类接触》（1977年）和《E. T. 外星人》（1982年）也取得了很大的成功，预示着外星人以和平的方式登陆地球的可能性，这两部电影被认为是好莱坞在该主题上最伟大的作品。影响更大的是1977年由乔治·卢卡斯执导的《星球大战》系列，《星球大战》系列电影运用了大量特效；而与《星际迷航》（1979年首次

H. G. 威尔斯（1866—1946年）

这位英国作家以其科幻小说而闻名。威尔斯著有《时间机器》（1895年）、《莫洛博士岛》（1896年）、《世界大战》（1898年）、《最早登上月球的人》（1901年）、《现代乌托邦》（1905年）等诸多作品，他不同寻常地以反乌托邦讽刺作家的身份开始了职业生涯，其漫长一生中的大部分时间都用于写作乌托邦主题的变化发展。威尔斯出生于肯特郡的布罗姆利，是商店老板的儿子，做过服装商的助手，后来师从托马斯·亨利·赫胥黎学习生物学。他基本上是自学成才，很早便以小说家的身份成名，并在陷入籍籍无名状态之前享有漫长而成功的职业生涯。从《现代乌托邦》开始，威尔斯孜孜不倦地倡导某种形式的世界国家，尽管与他曾一度加入的费边社闹翻，也对国际联盟感到失望。威尔斯主要的乌托邦主张包括重新唤起强烈的公民或共和责任感的需要、培养统治精英，以及利用技术为人类服务。他的《自传实验》（1934年）对他的大部分生活做了令人信服的记述。

拍摄）相关的电视剧和电影则常被视为将美国人的生活方式扩展到一个感恩和乐观的世界的载体，尽管其中也有关注妇女和少数民族问题的成分。

太空旅行和邂逅外星人是对外星人入侵文类的改编。这一主题最为典型的例子或许是亚瑟·C.克拉克的开创性著作《2001太空漫游》(1968年)，由斯坦利·库布里克担任导演，将其制作成那个时代的科幻电影的标杆，在特效方面和思想道德的模糊性以及复杂性方面都堪称典范。《神秘博士与戴立克》(1965年)的上映首次将"神秘博士"推上银幕。外星人入侵宇宙飞船的主题在斯坦尼斯拉夫·莱姆的《索拉里斯星》(1972年)的不同版本中出现。《异形》(1979年)也是一典型代表。

多部经典科幻小说已经被改编成电影搬上荧幕。儒勒·凡尔纳的《海底两万里》(1870年)有众多电影版本。威尔斯的几部乌托邦和反乌托邦小说也都被拍成了电影，而且往往是多次重复拍摄：《时间机器》(1895年)于1960年被改编为电影，2002年被再次翻拍，其中有关时间旅行的叙事方法在其他几部知名电影中不断重现，如《光阴旅客》(1964年)、《回到未来》(1985年)和1984年上映的《终结者》系列电影，该系列电影也使阿诺德·施瓦辛格成为红极一时的明星。《隐形人》1933年首次被拍成电影，1940年、1944年、1951年再次重拍，此后一直被翻拍。《最早登上月球的人》于1953年拍摄，1964年翻拍，尽管两部影片的评价都不太好。《莫洛博士岛》1932年被改编为电影《亡魂岛》，但小说情节的核心优生学元素在电影中被删除。

优生学方面的反乌托邦文学代表是阿道司·赫胥黎的《美丽新世界》，1980年被拍成电影。这一主题在之后的许多电影中也都有体现，如《巴西来的男孩》（1978年）和《岛》（2006年），前者的主角是希特勒在南美洲的克隆体。多次重拍的《人猿星球》（1968年拍摄，后于1969年、1971年、1972年、1973年重拍，2001年由蒂姆·波顿再次拍摄）对这一主题进行了改编，讲述了三位宇航员寻找到一个颠倒过来的达尔文（或斯威夫特）世界，故事中野蛮的人类被智慧的猿类征服。

安东尼·伯吉斯的《发条橙》（1962年）是被搬上银幕的较成功的文学反乌托邦代表，描绘了一个由无脑少年暴力、帮派斗争、道德瓦解和核心家庭崩溃所构成的嗜虐式反乌托邦。《发条橙》中也有少数政治内容，政府试图采用强制手段矫正人们的行为而引发强烈的反叛。1971年，小说被拍成电影，由斯坦利·库布里克执导，成为

20世纪末最具影响力的一部反乌托邦影片。威廉·戈尔丁的《蝇王》(1954年)——1963年被拍摄为电影，1990年再次翻拍——也探讨了缺乏成人秩序，漫无纪律的无法无天对儿童生活的影响。故事开头给我们描绘了一个潜在意义上的乌托邦（飞机失事将这群男同学送到太平洋中一个荒芜的岛屿上），笔锋一转，故事转向一个噩梦般的反乌托邦图景。在肆意为恶的动机面前，纯真和善良土崩瓦解。田园牧歌式的环境，充足的食物和庇护所，但是，施虐和残忍却占据了主导地位，更加高尚的人类品质只能让出位置。

事实证明，反乌托邦主题在其他的电影类型中也广受欢迎。第二次世界大战后，核灾难成为各类电影的故事背景，包括《海滨》(1959年)、《战争游戏》(1965年)、《浩劫后》(1983年)等。二十年后，生态灾难的主题开始流行，特别是影片《后天》(2004年)上映后，这一主题受到重视。疾病肆虐的世界常常出现在电影镜头中。城市在未来的衰败也经常被预测和表现，如雷德利·斯科特的《银翼杀手》(1982年)。雷·布雷德伯里于1966年拍摄的《华氏451》(1953年)中，极权的控制意图与个人试图摆脱操控的努力构成了故事的矛盾双方。将故事背景设置在核战争的末世之中，讲述了一个24世纪的焚书者试图通过重现经典来反抗压迫的故事。主人公盖伊暴露了，但在寻找志同道合的反叛者时他却又逃脱了，给观众留下一丝悬念。

此后，在以女权主义为主题的反乌托邦电影中，玛格丽特·阿特伍德的《使女的故事》是其中重要的一部（小说于1985年发表；1990年拍摄为电影，由哈罗德·品特编剧，费·唐娜薇、罗伯特·杜瓦尔主演）。影片故事发生在虚构的20世纪末的基列共和国，一场核战争之后，一个腐朽的基督教原教旨主义神权政治中，妇女、非白人、同性恋者和其他所谓的异类人受到强力压制的故事。性行为被高度管制，"使女"只是精英阶层的生育工具。

最后，应该提到与乌托邦/反乌托邦传统距离稍远的另一个方面——儿童文学。1939年，动画版《格列佛游记》问世。其中前往小人国的冒险变为好莱坞式浪漫之旅的托词。该片于2010年翻拍。更受观众喜爱的是L. 弗兰克·鲍姆的《绿野仙踪》(1939年)，它通过描述胆小的狮子、铁皮人和稻草人在奥兹国冒险的儿童故事，对班扬

> **玛格丽特·阿特伍德（生于1939年）**
>
> 这位加拿大小说家、诗人、评论家以她的女权主义反乌托邦作品《使女的故事》（1985年）及其续集《遗嘱》（2019年）而闻名于乌托邦文学领域。阿特伍德1939年11月18日出生于渥太华，是一位昆虫学家的女儿，直到11岁才正式上学。后来在多伦多大学和哈佛大学拉德克利夫学院接受教育，出版了许多小说，其中包括《可以吃的女人》（1969年）、《浮现》（1972年）、《猫眼》（1988年）、《别名格雷斯》（1996年）和《盲刺客》（2000年），以及大量其他诗歌和散文作品。她2003年出版的小说《羚羊和秧鸡》是一部反乌托邦科幻作品，尽管阿特伍德有时将其和《使女的故事》一起称为"推理小说"。2009年，她出版了《羚羊和秧鸡》的后续作品《洪水之年》。她还因其在加拿大身份方面的工作而闻名。

的《天路历程》进行了补充和更新。故事中的每一个角色都通过他们的英雄事迹找回了失去的勇气、内心和智慧，故事的主角，饱受压抑的女孩多萝西，则开始欣赏她在堪萨斯州的家乡朴素而纯真的乡下美德。翡翠城是乌托邦的代表，那里住着一个魔法师，他原是一个骗子，只是利用诡计操纵着他的拥护者；剧中女巫则代表着强大的邪恶势力。刘易斯·卡罗尔的《爱丽丝梦游仙境》(1865年)是最受欢迎的儿童故事,所讲述的是爱丽丝为了追赶一只会讲话的兔子而误入仙境的故事,仙境里有各种奇怪的动物和人。跟《爱丽丝梦游仙境》类似,《爱丽丝镜中奇遇记》(1872年)在一定程度上也是对现行道德观念、风俗礼仪的反思和讽刺。两部小说都被多次搬上荧幕。理查德·亚当斯的《沃特希普荒原》(1972年)讲述了一群兔子为了改善生活逃离苦难的故事。同名动画电影1978年上映。同样受欢迎的还有J. M. 巴利的戏剧《彼得·潘》(1904年),描述了三个小孩被送入空中,从伦敦飞往梦幻岛的故事。梦幻岛是一个想象出来的地方,上面住着迷失的少年和他们的来客,还有许多印第安人、海盗和稀奇的动物,以及奇妙仙子小叮当、印第安公主虎莲和邪恶的胡克船长。该作品在其出现那年首次上演,并在1911年作为小说《彼得·潘与温迪》再版,此后这部作品几乎一直出现在公众视野中。

其他为儿童改编的作品中,乔治·奥威尔对革命的简短而尖锐的讽刺作品《动物庄园》(1945年)也被以动画形式再现。叙事描述了农场主琼斯(封建与资本主义剥削的典范）被一群致力于建立平等社会的动物推翻的过程。然而好景不长，三只野心勃勃的猪——雪球、拿破仑和声响器，开始颠覆农场原有的原则，恶意建立了部分动物比其他动物更平等的戒律，并最终篡夺权力，重新建立起了以前由人类拥有的特权。奥威尔的《一九八四》（1949年）被拍摄了两次：第一次是由艾德蒙·奥布莱恩主演的迈克尔·安德森1956年的作品；第二次是1984年，由约翰·赫特主演。前者有些生硬和黯淡，部分原因是拍成了黑白片，比后者更业余，也不那么令人印象深刻，第二部中理查德·伯顿饰演的邪恶的党内领袖奥勃良，给人印象深刻。

结论　失乐园？

> 你的制度对乌托邦的居民非常好；
> 但对亚当的孩子来说却毫无价值。
>
> ——让-雅克·卢梭（1767年）[1]

乌托邦经常被它的诋毁者宣告死亡和入土为安，屡次出现的宣告让那些起草讣告的人都感到有些沮丧，似乎预示着乌托邦二次降临的奇迹要发生。[2]毫无疑问，推动乌托邦传统发展的因素在那些较发达的国家已经大大减弱。到20世纪初，人类对地球大范围的征服和探索使得人类回归其原初状态的可能性变得渺茫。这种原始的魅力从未消失，却在急剧下降，多年前已达历史高点的乌托邦热情快速消退。正如朱迪思·施克拉所认为的，强制团结所牺牲的个人自由的代价实在太高了。[3]

人们大都觉察到,乌托邦拥有太多斯巴达式强权而太少狂欢,太多独身而太少庆祝,太多工作而太少娱乐。许多人的理想变得庸俗、冷酷、缺少幽默。革命没有展现更多美德,至少不会持续太久,却凝聚了更多的残酷,因此,乌托邦主义看上去是在助长现代野蛮主义。[4]乌托邦所鼓吹的平等很快消失了。那些刚刚获得特权的精英迅速占有了专门的住所、商店和奢侈的生活方式。他们捣碎了所有在革命阶段没有打碎的梦想。现代化社会中的多数成员不再回想过去的黄金时代。我们的先辈过得会比我们今天更美好吗?这样的疑问是否仍然存在——这种疑问似乎已经很少,但是我们不想再做牧羊人了。我们宁愿去市场采购。乌托邦的金色诱惑最初是镀金的,后来就是愚人金或黄铁矿,与斯巴达的货币一样有用。或者如20世纪后期,城镇化的郊区、奢侈品、名人文化、影视娱乐以及持续不断的引人入胜的新奇事物,成为满足我们无限欲望的一剂良药。财富是真实可感的,我们的黄金时代就在此刻,越来越焕发光彩,越来越数据化、精确化,体积越来越小。亚当·斯密似乎为我们提供了选择的文化。因此,用托马斯·莫尔的话说，我们可以继续向其先知和英雄以及超级富豪致以神圣的敬意，祈祷他们的祝福，在他们的圣物箱中敬拜。商场是我们的圣殿，盖茨和巴菲特的名字与神同在。为硅的时代欢呼！

然而，此时许多发达社会的人对自由市场简单扩张的信念——仿佛资源和人口可以无限扩张——开始削弱。20世纪后期，生态灾难的幽灵已至，逐步取代极权主义成为人们走向反乌托邦的主要因素。在过去的两个世纪里，美国是乌托邦的理想之地，现在它正面临着严重的经济衰退和政治问题。乌托邦只存在于幻想之中，外太空似乎也有一丝可能，但也不十分确定，因为那里有死亡射线爆发的可能。在各种否定后，加上金融危机的削弱，末日论者和末日崇拜者开始出现，他们出来告诉我们"末日正临近"。于是，我们更加坚决和绝望地购物消费，更加痴迷于自我欣赏，我们中很少有人会期待被救赎。我们退回到音乐播放的卡碟时代，音乐只是偶尔出现在音乐节等场合。然而，这个临时的乌托邦空间却掩盖了一个事实，即我们很清楚地认识到我们的社区意识已普遍衰退。当知道我们已经达到自然极限时，我们已无意于再去大吃一顿。如果我们追随巴克敏斯特·富勒,选择"乌托邦或遗忘"[5],那么我们必然面临无处可去的境地,因为此时此地只有死路一条。我们已经望到"我想要"的乐土,却遥不可及。"不在任何之地"必须有一个具体的地方,成为现实的地方。我们面临着一种明显的危险,硅时代将给最后一个时代,即水的时代让路,那时我们担心的是很少有人会游得足够好。

通过这一视角,我们可以有短暂而脆弱的乐观主义的一瞥,尽管其中夹杂着绝望。日益增长的个人主义、家庭和社区生活的分裂,可以偶然地与呼吁更牢固的社区纽带的声音同时出现。对于一些人而言,失范、孤立、道德和智力混乱通过恢复"传统"而获得缓解或抵消,这种"传统"通常是指宗教价值观或"身份政治"。在高速现代化的社会中,对过去某种道德理想的怀念尤为强烈。但是市场社会的核心价值——世俗的享乐主义的消费——往往很难与这种怀旧理想抵消。

这种对确定的过去的回望和期待就是我们所说的"乌托邦"传统吗?如果我们继续将乌托邦与宗教看作一回事,答案似乎不是。与许多精神发现的旅程一样,我们很可能会问——从寻找乌托邦的长途航行回来后——我们是否真的清楚我们一开始在探索什么，或者我们只是在想把自己的幻想投射到外物之上，寻找更为方便和灵活的空间。心理层面的追求与寻求启蒙一样：我们渴望为那些宏大且持久的问题给出准确的答案。渴望每次都能抓住漂浮在我们面前的知识的稻草，我们对救赎的要求变得越来越高，且越来越不具体。事实上，我们在乎的只是希望本身。虽然我们在陌生的气候中凝视着斯瓦米斯（*swamis*），但我们可能会想，答案有可能并不在身边，或者至少不在触手可及的范围内。也没有必要去东方开启神秘之旅。我们可能会把拐杖扔到一边，却发现我们仍无路可循。我们可能会再次乞求获得英雄和圣人的拯救：我们为拯救自己所做的努力实在是太多了。

如果把乌托邦看作既非宗教的，也非内在精神的，而只是一种自愿的社交性的话语，那么我们可能会得出不同的结论。不将整个社会重新构想成乌托邦的样子，反而可以创造出一种乌托邦的空间和时间。农神节和狂欢节就是很典型的例子，在教堂一类的宗教机构，更多自命的平等以及更为密切的社会纽带，会及时提示我们保有义务和信仰具有诸多优势。有意营造的社区只是乌托邦在外部空间的一处壁龛。当然，莫尔笔下的乌托邦岛本身就是非乌托邦荒漠中的一片绿洲，尽管作者本意是将其视为真实空间的代表。既然如此，我们是否还能构想出一种相互支持的乌托邦愿景，它可以立足于全球范围，而彼此之间的协助却不会走向反乌托邦的错误？

这本书区分了两种传统。一种传统是想象的、天堂般的人类的最终目的地，有时也是世界末日的景象；另一种传统是，人性虽有所改善，却是按照人类本性行动着，那些理想化的描述仍是合理的。本书讲述的第二个重点是介于可能与不可能之间的乌托邦：它不是完美的，也不是纯粹的、完整的、最后的、完全的或最终的；它不要求持续不断的纯洁的美德；它既不预示着救赎，也不预示着某种形式的最终"解放"或"历史的终结"。相反，当乌托邦以这些愿望的实现为目标时，它会变得越来越不宽容，似乎受到胁迫，并最终演变成反乌托邦。那时它需要的是救赎而不是改善，为了今生的救赎而奋斗不已，会不可避免地导致耐心全无，会导致对异教徒和失败方的暴力相向。在这种情景下，乌托邦难民的数量很快就超过了乌托邦居我们的先辈过得会比我们今天更美好吗？这样的疑问是否仍然存在——这种疑问似乎已经很少，但是我们不想再做牧羊人了。我们宁愿去市场采购。

_____

民的数量。

这一进程通常被认为是从现代革命中产生的。当我们对启示（Revelation）失去信心后，也就不会对革命（Revolution）抱有幻想。我们目睹了这一构想的千年变化，便意识到自己被骗了。我们惊恐地发现，怪物就在其中，而且十分容易爆发出来。怪物的外在表现——科学怪人、狼人和外星人——是我们内在本性的反映。我们为法国恐怖统治下的55 000人哀悼。然而，我们很少记得，大约1亿人口死在19世纪欧洲帝国主义的统治下，征服美洲期间也有差不多的人口消失。伟大的欧洲帝国对他们的设计者来说是"乌托邦"——对国家和个人荣耀而言是奢侈的梦想，对大量未受洗礼的异教徒野蛮人来说是被强加的秩序，但是对那些不希望有暴力和如此猛烈且迅速的"文明"的人来说，却是反乌托邦的。大屠杀和极端残害存在着多种形式"乌托邦"的滥用。今天还有数以百万计的因奴役和饥饿而受苦的人，对他们的怜悯少得可怜。"开放社会"有时是建立在奴隶制、农奴制和大量雇用贫穷劳动力之上的。某种程度上来说，这种种束缚是为自由而付出的代价。

乌托邦追求意味着努力遏制（如果不是消除）罪恶行为，对具有破坏性的人类冲动加以限制，保证措施的秩序性和确定性，确保更大程度的社会利他主义的发展。野心，或对权力、地位和影响力的渴望；性欲；对财产的积累，对荣誉的贪婪以及希望扩大不平等来满足自尊心的种种愿望——都是理想社会最常见的敌人，大到国家、小到社区无不如此。规则是对这些冲动的乌托邦式回应。统一着装、抑制奢侈、拥护父权制，通常被认为是抑制特殊性的一种手段。秩序优先于享受，平等优先于自由。乌托邦——查尔斯·傅立叶的模型是一例外——通常是肆无忌惮的享乐主义的敌人。

然而，不能笼统地将乌托邦描述为快乐的敌人。乌托邦中的快乐通常被认为是每个人都能享受的东西。暴饮暴食不太可能发生，紧缩通常也不会发生——一人的放纵不会以另一人的痛苦为代价。美德的获得，不是通过沉迷于快乐或陶醉于任何其他更加强烈的欲望，尤其不会因骄傲而获得。理想社会中乌托邦思想的作用，是一种被灌输的共同目标感——无论是对国家、宗教、社区还是领导者的热爱——是一种生活在公众视野中的感觉。问题的关键在乌托邦追求意味着努力遏制（如果不是消除）罪恶行为，对具有破坏性的人类冲动加以限制，保证措施的秩序性和确定性，确保更大程度的社会利他主义的发展。

于，乌托邦的物理系统发挥的作用在于鼓励相互审查。公共空间中的公共行为受到监督：家庭和私人生活相应地减少，到了我们今天看来无法接受的程度。

财产所有权和由此产生的社会不平等，被认为是乌托邦主义所要解决的最重要问题。《乌托邦》于1516年出版后，乌托邦传统被视为某种形式的公有制。在南海自然丰富的小岛上发现的简朴，为问题提供了一个简单的解决方案。在一个高度腐败、复杂和充满仇恨的古老社会中，煽动数百万人起来革命，为问题的解决提供了一个截然不同的、更为复杂的方案。如果乌托邦是想象中的社区，那么它们应该是更平等的：由奢侈带来的差异化被证明是乌托邦最大的敌人。最近的评估表明，平等是促进社会满足的关键因素。[6]因此，乌托邦主义者的核心设想是正确的。许多人可能会主张，人们可能犯错的地方在于，无法定义一种可以与自由兼容的平等。

社会生态学、乌托邦和反乌托邦

有足够的理由认为，以自我消费定义的无节制地追求幸福生活的时代已然成为过去。21世纪初,人们对乌托邦和反乌托邦的担忧越来越向着生态的方向转变,正如人们意识到地球正在越来越多地面临潜在的灾难。19世纪末,工业化造成广泛的污染,城市中穷人生活的恶化程度尤为明显。这时出现了一种世界末日的回应,以前这种观念只存在于宗教中,尤其是在基督教中。人们对不断增长的科学技术力量的幻想——成为现代科幻小说的主题,乌托邦主义主要的子类型——从19世纪中叶开始产生一种无法限制过度发明的绝望感。机器越来越复杂,然而,当被运用于战争时,也变得更加具有破坏力。乌托邦与反乌托邦思想越来越紧密地携手前进,直到它们最终难以区分地融合在一起。

当然,这里也有光明的时刻。20世纪末,许多原始生态的乌托邦作品出版:欧内斯特·卡伦巴赫的《生态乌托邦》(1975年)[7]和玛吉·皮尔西的《时间边缘的女人》(1976年)描绘了努力实现生态平衡的社会,更加注重自给自足和环境责任感。然而,类似的将幻想具体化的行为意味着世界大国迄今为止只能在想象层面上进行合作……这种合作可以存在于乌托邦中,或者在更广泛的全球范围内以及国际大都市中。H. G. 威尔斯与他人构想的世界理想政府允许互助合作，与现代共产主义有相似之处。然而，现代共产主义代表了卓越的反乌托邦现代性的最终形式。如何调和这些矛盾？能否挽救乌托邦追求，或者这个提议只是徒劳的，注定要重复20世纪残暴的愚蠢行为？现代性的世俗宗教既已被证明具有彻底的破坏性，那么为何还要煞费苦心去拯救乌托邦呢？

现实乌托邦主义的政治

这些问题或许有两种主要答案，它们都取决于对乌托邦的定义。一方面，乌托邦代表了逃避现实的幻想，一种对不愉快的现实的拒绝，代之以一种颠倒的或梦幻般的、相反的、两极分化的快乐，有时现实，有时是间接或讽刺的。许多乌托邦指涉（通过轮船、火箭、时光机，甚至是梦想）逃离当下的困境。乌托邦主义的心理学解释强调实现愿望的倾向，强调乌托邦冲动的天真和幼稚。例如，在《彼得·潘》和《爱丽丝梦游仙境》中，甚至在将《鲁滨逊漂流记》和《格列佛游记》等乌托邦经典重述为儿童故事时，我们目睹了人类的儿童文学——真正的神话——与孩子的娱乐的交会。即使世界几乎完全去神话化后，对魔法的持续迷恋，往往是真诚信仰的延续，这在J. K. 罗琳（哈利波特系列）和J. R. R. 托尔金（霍比特人，指环王）那里被证明是存在的。这些作品是乌托邦话语的一部分，满足了我们的幻想，扩大了可能世界的界限，推动了希望、幻想，有时甚至是变革的热情。然而，它们也可能强化我们的幼稚，实现我们对即时满足的渴望。对未知的迷恋继续停留在外太空——地理距离可以为不可思议的事物提供可信的支持。但这种倾向也助长了我们蛮不讲理和非理性的倾向，削弱了我们对经验主义和科学方法的信心，让我们成为魔术师、骗子和超凡魅力操纵者的猎物，他们热衷于用精神和超自然力的主张来掩饰自己的野心。我们已经将过去撒谎的旅行者换成了新时代撒谎的讲故事的人。这在某种程度上减少了我们的焦虑，让我们专注于奇幻的预测。但他们也确实为此付出了相当大的代价。乌托邦可能正在消退，但轻易的相信肯定不会。我们支持穿着新衣的皇帝——请不要告诉我们我们没穿衣服。在硅的时代，我们几乎乞求被错误地引导。

那么,这种乌托邦观点本质上是针对幻想领域的。它对应于心理需求或欲望、期望或希望,以及对未知的恐惧和对无限的不可知的惊奇。寻找生命之泉或青春之泉的回声仍然存在于当下。神话和宗教不会消失,不会被世俗的理想和愿望取代,不会被驱散无知的实证科学取代。所有这些都在期望、迷信和半成熟的难以消化的世俗混乱中共存。进步的先知反而是错误的。我们并没有变得更加冷静、经验丰富和科学化。相对地,我们认为一种能美白我们智齿的废话与另一种具有实际意义的话语同样有用,后者可能需要更多的智力才能掌握。"后现代主义"也确实如此。说实话,我们更喜欢被欺骗、奉承和娱乐,却不喜欢被点醒和指导。对于许多人来说,它让我们感觉良好,这就是体验的意义之所在。事实上,也是所有体验的意义之所在。

而另一方面,我们能否以更具建设性的方式来用乌托邦思想处理当前的问题呢?我们能否避免将乌托邦简化为一种心理冲动,就像恩斯特·布洛赫的解释性名著《希望的原理》(1959年)那样?答案当然是肯定的。因为"希望"只是一种蒸汽,一种幻想,能够在白天的强光下瞬间消失。相比之下,"乌托邦"是人类存在的一个时刻,有时是真实的,有时是重新构想的,经常被误认为是别的东西,但又不仅仅是梦想。如果我们需要大规模的——过去被消极地称为乌托邦式的——社会规划来解决将来的问题,我们还需要一个未来的形象来为长期问题的解决提供方案,全球范围内的解决方案。那么,这就是积极意义上的乌托邦。

本书探讨了两种更具体合理、不那么离奇的乌托邦变体。其中一种解决了现有社区的碎片化问题,建议在传统价值主导下重建社区。长老和牧师或是有威望的父权制家族领袖对社区进行管理,他们针对不道德的行为颁布严格的宗教禁令,这些禁令被视为应对因快速或普遍改善的想法而引起的陶醉的解毒剂。革命精神在此被认为是反动的;我们保守地抓住一切机会留住我们已经失去的或正在失去的,因为这比我们想象的未来要确定得多。陈旧的书籍、古老的方法以及更久远的先知,都比现在的一切更有希望。我们拥有秩序;我们可以通过及时地重复来获得新生。退化将迎来再生。涌现出现代性的那扇闸门也将被关闭,或者只剩涓涓细流。

另一种乌托邦变体则更自由，更具前瞻性，它设想从我们现有的状况出发，寻找更大规模的不同的计划和集体组织来避免世界末日所带来的全球灾难。它的方向更加科学和学术，目标是解决现实问题。它承认个人孤立以及家庭和社区崩溃所带来的现代化焦虑，却很少提议以恢复传统权威的形式来应对这些焦虑。它不会提议设立新的公共安全委员会，也不相信哲学人或先知。它继承了过去半个世纪自由性别和身份认同政治的经验，设想没有重新奴役，没有对少数群体的不容忍，没有从原则上拒绝个体化。现代社会主义的遗产鼓励它继续减少甚至消除贫困，同时，通过控制需求和人口增长来应对环境问题。富有想象力的建筑师设计出既可持续发展又适宜居住的城市，邻里生活在这些城市中得以复兴，人们或贫或富，都不会被隔离。政治理论家建议扩大民主执政，不建议通过财阀或党派独裁来限制民主。

这种模式的现代乌托邦的一部分还关注身体的完美，那是一个古老的乌托邦主题，也是现代科学对个人生命无限延长的承诺。整容术、根除疾病、克隆、电脑替代以及其他上百种技术标志着更长寿和更丰富的生活体验；

"乌托邦"是人类存在的一个时刻，有时是真实的，有时是重新构想的，经常被误认为是别的东西，但又不仅仅是梦想。

在这里的不是一块"哲人石",而是一堆遗传学家的鹅卵石。无论是个人生活还是集体存在,都可以带来更多的希望。我们可以通过放慢时间和控制进程来重建新秩序,而不再被它驱动。陶醉在自我放纵的消费主义文化中,我们可以接受一种新的紧缩形式并达到一定程度的清醒。我们从对奢侈品的痴迷中转移出来,尽管不是自杀,却也将是痛苦的,这样做无助于我们实现道德救赎、解放、启蒙或拯救,却能使我们得到类似的承诺。江湖郎中、医生和社会精神治疗师会像从熊熊烈火中突然冒出来一般。当救世主到来时——会有很多——我们最好仔细检查一下他们的证件。

那么,我们还能从乌托邦的角度思考吗?谨慎起见,是的。对它的期待不仅仅基于"现实"的条件,它的视野要远远超越这些因素。不仅仅预示着社会(Gemeinschaft)的改造,更多的是社区(community)所带来的情感满足,如斐迪南·滕尼斯等社会学家所描述的那样。它不是一种信仰行为,确切地说不仅仅是一种希望的表达,也不是对某种宗教基本的、潜在的需求的认可。它可能会,也可能不会隶属于某种形式的"启蒙运动",尽管十分确信,我们需要充足的理由才能使它成为一个可以实现的愿景。然而，它也不是一种神话越少越好的新颖的怀旧方式——谎言，无论是高贵的还是其他，我们已有足够多。尽管如此，它仍将是乌托邦。

因而，本书中有关乌托邦历史的叙述只是一小部分，因为乌托邦在各个层面上都与人类的命运交织在一起，对于我们今天的生活和过去的任何时候都一样有意义。确实，当前显然比以往任何时候都更重要。因为根本上说，乌托邦是关于预言的，是关于未来的想象，但不一定预测未来。非信徒总是以寓言的方式看待创世神话，他们试图通过解释起源来赋予意义，满足对和谐永生的渴望，克服死亡的恐惧。从这个角度来看，乌托邦主义的发展历程要从原始神话中出现的复杂的神学形式开始，随后逐渐被社会秩序的重建设想所取代。托马斯·莫尔在其中发挥了关键作用，为我们提供了一个较为严肃的替代方案，日益取代剥削性质的等级制度。正如我们所见到的，这些模式——神话、宗教、世俗的乌托邦社会理论——在过去500多年中都并行存在。先知、圣徒、江湖术士和流氓，都与图书馆书架上大量的乌托邦和反乌托邦著作擦肩而过。在某种程度上，宗教与乌托邦几乎是密不可分的，因为几乎没有一个乌托邦，至少没有一个被记录的乌托邦，没有对于神的信仰所提供的纽带，也没有共同牺牲的意识形态，可以仅凭借个人的自我奋斗构想出一个社会，除非这种社会愿景所依靠的是恐惧和暴力。19世纪的乌托邦主义者，包括罗伯特·欧文、亨利·德·圣西门和奥古斯特·孔德，都认为有必要发明出一种新的宗教代替旧宗教的功能。20世纪的继任者们也经常利用个人崇拜来推动这一探索。没有权威、没有领导和共同目标，无论是要回到过去美好的失落状态，还是要创造一些全新的东西，无论哪个层面上的乌托邦都难以实现。我们拼命呼吁政治家，政治家应运而生。

然而，我们的未来必然由两部分构成：短暂的尘世和漫长的永恒。我们希望两者都能令人满意。但是，朝圣者所寻找的两条失落的天堂之路——救赎和永生的承诺，以及对乌托邦和现实美好生活的追求——虽然有许多交叉点，但它们并不相同。第一条道路是原始的宗教话语，最终只能通过信仰来实现。第二条是社会良好秩序的世俗话语，必须允许圣人和罪人的存在。我们可能已经在埃尔多拉多寻找黄金之路,像约翰·班扬的天堂,但是,今天我们并不需要一种新的宗教来巩固看似合理的乌托邦,也不需要任何旧形式的精神重建。我们的理想世界不可能是新耶路撒冷或吕库古时期的斯巴达。旧的理想世界可以给我们带来希望和灵感,让我们知道该追求什么,该避免什么。我们的理想世界必须是我们自己创造的,如果无法创造它,我们将认真考虑我们将面临的命运。

· 注 释

引言 寻找乌托邦

1 孔德声称，人类思想的发展可以根据宗教、形而上学和积极或科学观点的发展来分析。
2 主要见：Francis Fukuyama in *The End of History and the Last Man* (London: Hamish Hamilton, 1992)。
3 对于这一阐释，例见：John Gray, *False Dawn: The Delusions of Global Capitalism* (London: Granta, 1998)。
4 对于这一主题的一般性介绍，包括一系列关键文献出处，见Claeys and Sargent, *The Utopia Reader*。关于一些定义问题，见Fátima Vieira, "The Concept of Utopia", in Claeys, *The Cambridge Companion to Utopian Literature*。对于整个领域最好的概述仍然是Manuel, *Utopian Thought in the Western World*。
5 关于这一主题，见Martin Foss, *The Idea of Perfection in the Western World* (Princeton: Princeton University Press, 1946)。

第一章 古典时代

1 Hesiod, *Works and Days* (Oxford: Oxford University Press, 1988), p. 40.
2 这个短语是在17世纪中叶创造出来的，用来描述当时英国的革命。
3 19世纪晚期，一位乌托邦作家试图证明这个故事，见Ignatius Donnelly,

    Atlantis (2nd ed., London: Sidgwick & Jackson, 1970)。

4 Plutarch, *Life of Lycurgus* (New York: Random House, n.d.), p. 57.

5 同上，第61页。

6 同上，第73页。

7 见 Z. S. Fink, *The Classical Republicans* (Chicago: Northwestern University Press, 1945); Elizabeth Rawson, *The Spartan Tradition in European Thought* (Oxford: Clarendon Press, 1960); Eric Nelson, *The Greek Tradition in Republican Thought* (Cambridge: Cambridge University Press, 2004)。

第二章　基督教原型

1 据说这出现在卡特里派、阿比尔十字军、罗拉德派和再洗礼派的各种形式中。对这些传统的一个很好的阐述，见 Gordon Leff, *Heresy in the Later Middle Ages* (2 vols, Manchester: Manchester University Press, 1967)。

2 关于天堂意象的年代学，尤见于 McDannell and Lang, *Heaven*。

3 同上，第174、214页。

4 对职责的枚举，见 Gustav Davidson, *A Dictionary of Angels* (New York: The Free Press, 1967)。

5 John Milton, *Paradise Lost* (London: Longman, 1968), Bk 1, l. 680–684.

6 对于这一主题的发展，见 Ernest Tuveson, *Redeemer Nation: The Idea of America's Millennial Role* (Chicago: University of Chicago Press, 1968)。

7 见 Gerrard Winstanley, *The Law of Freedom and Other Writings* (Cambridge: Cambridge University Press, 1983), p. 84。

8 同上，第268页。

9 Cohn, *The Pursuit of the Millennium*, p. 149.

第三章　欧洲以外的理想社会愿景

1 有关于此的一个例子，见 Krishan Kumar, *Utopia and AntiUtopia in Modern Times* (Oxford: Basil Blackwell, 1987), p. 19中的陈述，即基督教文明在孕育乌托邦方面可能是独一无二的。

2. 近期的作品包括Seligman, *Order and Transcendence*，以及Jacqueline Dutton, "Non-Western Utopian Traditions", in Claeys, *The Cambridge Companion to Utopian Literature*。

3. U. Ghoshal, *A History of Hindu Political Theories* (Oxford: Oxford University Press, 1922), p. 12.

4. Lewis Henry Morgan, *Ancient Society* (London: Macmillan & Company, 1877), pp. 530, 536.

5. 一个经典的陈述是Friedrich Engels's *The Origin of the Family, Private Property and the State* (1884)。

6. *The Qu'ran* (Oxford: Oxford University Press, 2004), p. 7.

7. *Mo Tzu: Basic Writings* (New York: Columbia University Press, 1970), p. 22.

8. Zhang Longxi, 'The Utopian Vision, East and West', in *Utopian Studies*, 13 (2002), pp. 7-17，这里的例子主要是从中得出的。

9. 这一主题的比较研究参见Qingyun Wu, *Female Rule in Chinese and English Literary Utopias* (Syracuse: Syracuse University Press, 1995)。

10. Shiping Hua, *Chinese Utopianism: A Comparative Study of Reformist Thought with Japan and Russia 1898-1997* (Washington DC: Woodrow Wilson Center Press, 2009), p. 18.

11. 例见*The Laws of Manu* (New York: Dover Publications, 1969), pp. 13-14。

12. 例见Seiji Nuita, 'Traditional Utopias in Japan and the West', in David W. Plath, ed., *Aware of Utopia* (Urbana: University of Illinois Press, 1971), pp. 12-32, and Yoriko Moichi, "Japanese Utopian Literature from the 1870s to the Present and the Influence of Western Utopianism", in *Utopian Studies*, 19 (1999), pp. 89-97。

13. 这些在Aziz Al-Azmeh, "Utopia and Islamic Political Thought", in *History of Political Thought*, 11 (1990), pp. 9-19。

14. Patricia Crone, *Medieval Islamic Political Thought* (Edinburgh: Edinburgh University Press, 2004), p. 318中有所介绍。

15. Richard Walzer, ed., *Al-Farabi on the Perfect State* (Oxford: Clarendon Press,

1984), p. 231.

16 Antony Black, *The History of Islamic Political Thought* (Edinburgh: Edinburgh University Press, 2001), p. 53.

17 Daniel G. Brinton, *The Myths of the New World* (Philadelphia: David McKay, 1896), p. 105.

18 Bruce Lawrence, ed., *Messages to the World: The Statements of Osama Bin Laden* (London: Verso, 2005), p. 166.

19 F. R. Wingate, *Ten Years' Captivity in the Mahdi's Camp* (London: Sampson Low, Marston & Company, 1892), p. 6.

20 见Gould, "The Utopian Side of the Indian Uprising", in David W. Plath, ed., *Aware of Utopia* (Urbana: University of Illinois Press, 1971), pp. 86-116。

21 关于千禧年主义，例见Jonathan Spence, *God's Chinese Son: The Taiping Heavenly Kingdom of Hong Xiuquan* (London: Harper Collins, 1996)。

22 See Julius K. Nyerere, *Ujamaa: Essays on Socialism* (Oxford: Oxford University Press, 1968).

23 关于这些发展的介绍，见Pordzik, *The Quest for Postcolonial Utopia*，以及Bill Ashcroft, "Remembering the Future: Utopianism in African Literature", in *Textual Practice*, 23 (2009), pp. 703-722。

24 例如，Zhang Longxi, "The Utopian Vision, East and West", in *Utopian Studies*, 13 (2002), pp. 1-20。

第四章 一个被定义的流派

1 引自Colin Davis: "Thomas More's Utopia: Sources, Legacy and Interpretation", in Claeys: *The Cambridge Companion to Utopian Literature*。

2 然而，莫尔对这一问题的处理方式并不是直截了当的。他的拉丁文原标题是*Libellus vere Aureus necminus salutaris quam festivus de optimo reipublicae statu deque nova Insula Utopia*（《关于最好的共和国和新岛乌托邦的不只令人愉快的真金小册子》）。它最初也被简单地称为"社会的最佳状态"。

3 关于背景，尤见Davis, *Utopia and the Ideal Society*。

4. Thomas More, *The Complete Works of Thomas More* Vol. 4: *Utopia*, eds Edward Surtz and J. H. Hexter (New Haven: Yale University Press, 1965), p. 21.
5. 同上，第61页。
6. 同上，第74页。
7. 同上，第72页。
8. 同上，第77、89页。
9. 同上，第83页。
10. 同上，第76页。
11. 见Claeys, *Imperial Sceptics*。
12. 例如，J. H. Hexter in *More's Utopia: The Biography of an Idea* (Princeton: Princeton University Press, 1952), pp. 33−42。
13. Thomas More, *The Complete Works of Thomas More*, Vol. 4: *Utopia*, eds Edward Surtz and J. H. Hexter (New Haven: Yale University Press, 1965), p. 11.
14. Ibid., pp. 150−151.
15. Thomas More, *The Complete Works of Thomas More*, Vol. 4: *Utopia*, eds Edward Surtz and J. H. Hexter (New Haven: Yale University Press, 1965), p. 152.
16. 见J. C. Davis的叙述，J. C. Davis, "Utopianism", in J. H. Burns, ed., *The Cambridge History of Political Thought 1450−1700* (Cambridge: Cambridge University Press, 1991), pp. 329−346。
17. Karl Kautsky, *Thomas More and His Utopia* (London: A & C Black, 1927), p. 159.
18. Thomas More, *The Complete Works of Thomas More*, Vol. 4: *Utopia*, eds Edward Surtz and J. H. Hexter (New Haven: Yale University Press, 1965), p. viii.
19. 更显著的，见Quentin Skinner, *The Foundations of Modern Political Thought* (2 vols, Cambridge: Cambridge University Press, 1978), 以及 George M. Logan, *The Meaning of More's Utopia* (Princeton: Princeton University Press, 1983), pp. 139−140。
20. 例如，W. E. Campbell, *More's Utopia and His Social Teaching* (London: Eyre & Spottiswoode, 1930), p. 140。

第五章 天堂的发现？

1. 一个经典的描述是 Adams, *Travelers and Travel Liars*。
2. 约翰·布洛克·弗里德曼的作品《中世纪艺术与思想中的畸形种族》提供了这些传说中人的具体名录，John Block Friedman, *The Monstrous Races in Medieval Art and Thought* (Cambridge, Mass.: Harvard University Press, 1981)。
3. Christopher Columbus, *The Book of Prophecies* (Berkeley: University of California Press, 1997), pp. 67-68, 71, 77, 291. 通常可见：Tzvetan Todorov, *The Conquest of America: The Question of the Other* (Norman: University of Oklahoma, 1999)。
4. Peter Martyr Anglerius, *De Orbe Novo* (2 vols, London: G. P. Putnam's Sons, 1912), Vol. 1, pp. 62, 139; Girolamo Benzoni, *History of the New World* (London: W. H. Smith, 1867), p. 15.
5. 通常可见：Anthony Pagden, *The Fall of Natural Man: The American Indian and the Origins of Comparative Ethnology* (Cambridge: Cambridge University Press, 1982), 以及 Robert Berkhofer, *The White Man's Indian: Images of the American Indian from Columbus to the Present* (New York: Vintage, 1978)。图像呈现见 Hugh Honour, *The European Vision of America* (Cleveland: Cleveland Museum of Art, 1975)。
6. Peter Martyr Anglerius, *De Orbe Novo* (2 vols, London: G. P. Putnam's Sons, 1912), Vol. 1, pp. 64, 90; Christopher Columbus, *The Journal of his First Voyage to America* (London: Jarrolds, 1925), p. 67.
7. Tacitus, *Historical Works* (London: J. M. Dent, n.d.), Vol. 2, p. 314.
8. Peter Martyr Anglerius, *De Orbe Novo* (2 vols, London: G. P. Putnam's Sons, 1912), Vol. 2, p. 274.
9. 转引自 Levin, *The Myth of the Golden Age*, p. 61。反抗的本地人有时会将熔化的黄金灌进被俘的西班牙人喉咙里，以此来逃避这种痴迷；见 Girolamo Benzoni, *History of the New World* (London: W. H. Smith, 1867), p. 73。
10. 正如 Enrique Dussel in *The Invention of the Americas* (New York: Continuum, 1995), p. 32 所述。

11 第一本关于"亚美尼亚"的英文印刷品来自韦斯普奇,出现在安特卫普,约1511年——莫尔的《乌托邦》是于1515年在那里构思的(Richard Eden, ed., *The First Three English Books on America* (Birmingham: 1885, p. xxv)。

12 Peter Martyr Anglerius, *De Orbe Novo* (2 vols, London: G. P. Putnam's Sons, 1912), Vol. 1, pp. 103–104. 亦见William Brandon, *New Worlds for Old: Reports from the New World and their effect on the development of social thought in Europe, 1500–1800* (Athens, Ohio: Ohio State University Press, 1986) and Stelio Cro, *The American Foundations of the Hispanic Utopia* (2 vols, Tallahassee: Desoto Press, 1994).

13 一种最大胆的论断是莫尔"不得不熟悉"这部作品,见:H. W. Donner, Introduction to Utopia, London: Sidgwick & Jackson, 1945, p. 27。

14 Bernal Diaz, *The Conquest of New Spain* (London: Penguin, 1963), p. 269; Frederick J. Pohl, *Amerigo Vespucci: Pilot Major* (London: Frank Cass, 1966), p. 133.

15 Thomas More, *The Complete Works of Thomas More, Vol. 4: Utopia*, eds Edward Surtz and J. H. Hexter (New Haven: Yale University Press, 1965), p. xxxiii.

16 Amerigo Vespucci, *The First Four Voyages of Amerigo Vespucci* (London: Bernard Quaritch, 1893), pp. 8, 11.

17 Garcilaso de la Vega, *Royal Commentaries of the Incas* (Austin: University of Texas Press, 1966), Pt 1, pp. 254, 271; Pedro Sarmiento de Gamboa, *The History of the Incas* [1574] (Austin: University of Texas Press, 2007), p. 134.

18 Pedro Pizarro, *Relation of the Discovery and Conquest of the Kingdoms of Peru* (New York: The Cortes Society, 1921), p. 35.

19 William H. Prescott, *History of the Conquest of Peru* (London: Swan Sonnenschein, 1889), pp. 15, 21, 23, 27, 29.

20 尤见Lorainne Stobbart, *Utopia: Fact or Fiction? The Evidence from the Americas* (Stroud: Alan Sutton, 1992).

21 John Phelan, *The Millennial Kingdom of the Franciscans in the New World:A*

    Study of the Writings of Geronimo de Mendieta (1525−1604) (Berkeley: University of California Press, 1956), p. 66.

22 R. B. Cunninghame Graham, *A Vanished Arcadia: Being Some Account of the Jesuits in Paraguay 1607 to 1767* (London: William Heinemann, 1901), pp. xiv, 22, 201; Philip Caraman, *The Lost Paradise: An Account of the Jesuits in Paraguay, 1607−1768* (London: Sidgwick & Jackson, 1975), pp. 116−117.

23 在1530年代的墨西哥，瓦斯科·德·基罗加为印第安人建立了社区，将莫尔的思想与修道院的概念结合起来；见Fernando Gomez, *Good Places and Non-Places in Colonial Mexico: The Figure of Vasco de Quiroga (1470−1565)* (New York: University Press of America, 2001), pp. 74−80。

24 John Locke, *Two Treatises of Government* (2nd edn, Cambridge: Cambridge University Press, 1970), p. 319.

25 见Benedict Anderson, *Imagined Communities: Reflections on the Origin and Spread of Nationalism* (London: Verso, 1993)。

26 Louis-Sébastien Mercier, *Memoirs of the Year Two Thousand Five Hundred* (Dublin: W. Wilson, 1772), Vol. 2, p. 185.

27 Gabriel Foigny, *The Southern Land, Known*, ed. David Fausett (Syracuse: Syracuse University Press, 1993), pp. 42, 57.

28 Denis Veiras, *The History of the Severambians* (Albany: State University of New York Press, 2006), p. 87.

29 见J. G. A. Pocock, *The Machiavellian Moment. Florentine Political Thought and the Atlantic Republican Tradition* (Princeton: Princeton University Press, 1975)。

第六章 笛福与斯威夫特的时代

1 见Fausett, *The Strange and Surprizing Sources of Robinson Crusoe*。

2 Daniel Defoe, *Robinson Crusoe* (London: J. M. Dent, 1906), p. 72.

3 这些主题也强烈地出现在笛福后来的一些作品里，尤其是*Serious Reflections During the Life and Surprising Adventures of Robinson Crusoe* (1720; reprinted in Claeys, *Modern British Utopias*, Vol. 1, pp. 113−266)。

4 通常可见Michael Newton, *Savage Girls and Wild Boys: A History of Feral Children* (London: Faber & Faber, 2002)。
5 这些文本在Claeys, *Modern British Utopias*中重印。
6 Rennie, *Far-Fetched Facts,* p. 98.
7 Denis Diderot, *Political Writings*, eds John Hope Mason and Robert Wokler (Cambridge: Cambridge University Press, 1992), p. 39.
8 William Godwin, *Enquiry Concerning Political Justice* (2 vols, London: G. G. J & J. Robinson, 1793), Vol. 1, p.10.
9 Claeys, *Utopias of the British Enlightenment*, p. 12.

第七章　革命与启蒙运动

1 对于这一关系的经典研究仍然是Lasky's *Utopia and Revolution*。
2 见James Harrington, *The Political Works of James Harrington*, ed. J. G. A. Pocock (Cambridge: Cambridge University Press, 1977)。
3 Claeys, *Utopias of the British Enlightenment*, p. 80.
4 Robert Burton, *The Anatomy of Melancholy* (London: J. M. Dent & Sons, 1932), p. 10.
5 Louis Sébastien Mercier, *Memoirs of the Year Two Thousand Five Hundred* (Dublin: W. Wilson, 1772), Vol. 2, p. 119.
6 Jean-Jacques Rousseau, *The Social Contract and Discourses* (London: J. M. Dent, 1973), p. 181.
7 这是Dan Edelstein's *The Terror of Natural Right: Republicanism, the Cult of Nature, and the French Revolution* (Chicago: University of Chicago Press, 2009)中论证的要点。
8 Karl Popper, *The Open Society and Its Enemies* (2 vols, Princeton: Princeton University Press, 1962).

第八章　理想中的城市

1 Johann Valentin Andreae, *Christianopolis: An Ideal State of the Seventeenth*

Century (Oxford: Oxford University Press, 1916), p. 156.

2 见Richard Sennett, *The Uses of Disorder: Personal Identity and City Life* (London: Faber & Faber, 1966)。

第九章 作为社区的乌托邦

1 标准的描述仍然是Robert Allerton Parker, *A Yankee Saint: John Humphrey Noyes and the Oneida Community* (2nd ed., Philadelphia: Porcupine Press, 1972)。

2 Miller, *The 60s Communes*, p. xix.

第十章 第二个革命时代

1 *New Moral World*, Vol. 4, No. 178 (24 March 1838), p. 175.

2 See Claeys, *Citizens and Saints*.

第十一章 发明的进程

1 关于其背景和发展,见Christopher Lasch, *The True and Only Heaven: Progress and Its Critics*, New York: W. W. Norton,1991。

2 *Famous Utopias of the Renaissance*, introduction and notes by Frederic R. White, New York: Hendricks House, 1955, p. 240.

3 参见Charles Webster, *Utopian Planning and the Puritan Revolution: Gabriel Plattes, Samuel Hartlib and Macaria* (Oxford: Wellcome Institute for the History of Medicine, 1979), p. 4。

4 Claeys, *Utopias of the British Enlightenment*, p. 9.

5 同上,第47页。

6 Grant Allen, *Twelve Tales* (London: Grant Richards, 1900), pp. 45–66.

7 这些内容大多转引自Claeys, *Late Victorian Utopias*。

8 Walter Besant, *The Inner House* (London: Simkin, Marshall & Co., 1888), p. 33.

9 例如,"Robinson Crusoe" [pseudonym], *Looking Upwards: or, Nothing New* (Auckland,

NZ: H. Brett, 1892)。

10 William Morris, *News from Nowhere* (London: Longmans, Green & Co., 1899), p. 80.

11 Herman Melville, *Typee* (New York: Library of America, 1982), pp. 149-150.

第十二章 科幻小说的兴起

1 近来出版的此类作品集是 *Subterranean Worlds* (Middletown: Wesleyan University Press, 2004)。

第十四章 乌托邦、科幻小说和电影

1 山达基教徒认为，除其他外，人类是外星种族的后裔。

2 威尔斯作品的电影拍摄在 Keith Williams, *H. G. Wells, Modernity and the Movies* (Liverpool: University of Liverpool Press, 2007) 中有所论述。

结论 失乐园？

1 Rousseau to the elder Mirabeau, 26 July 1767, 转引自 Baczko, *Utopian Lights*, p. 22。这里指的是一种被称为重农主义的系统中提出的理想化的分配形式。

2 最近的一些宣告有：John Gray, "The Death of Utopia" in *Black Mass: Apocalyptic Religion and the Death of Utopia* (London: Allen Lane, 2007), pp. 1-35。另见以赛亚·伯林对乌托邦的描述，他将乌托邦定义为"人性最终完全实现的静态完美，一切都是静止的、不变的、永恒的"，见：*The Crooked Timber of Humanity* (London: John Murray, 1990), p. 22。

3 Judith Shklar, *Political Thought and Political Thinkers* (Chicago: University of Chicago Press, 1992), pp. 168-169.

4 Christopher Lasch, *The True and Only Heaven: Progress and Its Critics* (London: W. W. Norton & Co., 1991), p. 41.

5 R. Buckminster Fuller, *Utopia or Oblivion: The Prospects for Humanity* (London: Penguin, 1970).

6 尤见Richard Wilkinson and Kate Pickett, *The Spirit Level: Why More Equal Societies Almost Always Do Better* (London: Allen Lane, 2009)。

7 一个续篇是Ernest Callenbach, *Ecotopia Emerging* (Berkeley, Calif.: Banyan Tree Books, 1981)。

参考文献

Adams, Percy G., *Travelers and Travel-liars, 1660–1800* (Berkeley: University of California Press, 1962).

Albinski, Nan Bowman, *Women's Utopias in British and American Fiction* (London: Routledge, 1988).

Aldiss, Brian W., *Billion Year Spree: A History of Science Fiction* (London: Weidenfeld & Nicolson, 1973).

Alexander, Peter, and Roger Gill, eds, *Utopias* (London: Duckworth, 1984).

Alkon, Paul K., *Origins of Futuristic Fiction* (Athens, Ga.: University of Georgia Press, 1987).

Amis, Kingsley, *New Maps of Hell: A Survey of Science Fiction* (London: Victor Gollancz, 1961).

Armytage, W. H. G., *Heavens Below: Utopian Experiments in England, 1560–1960* (London: Routledge and Kegan Paul, 1960).

—, *Yesterday's Tomorrows: A Historical Survey of Future Societies* (London: Routledge and Kegan Paul, 1968).

Atkinson, Geoffrey, *The Extraordinary Voyage in French Literature before 1700* (New York: Columbia University Press, 1920); Vol. 2, *The Extraordinary Voyage in French Literature 1700–1720* (1922).

Baczko, Bronislaw, *Utopian Lights: The Evolution of the Idea of Social Progress* (New York: Paragon House, 1989).

Bailey, J. O., *Pilgrims Through Space and Time: Trends and Patterns in Scientific and Utopian Fiction* (London: Argus, 1947).

Barkun, Michael, *Disaster and the Millennium* (New Haven: Yale University Press, 1974).

Bartkowski, Frances, *Feminist Utopias* (Lincoln, Nebraska: University of Nebraska Press, 1989).

Beaumont, Matthew, *Utopia Ltd: Ideologies of Social Dreaming in England, 1870–1900* (Leiden: Brill, 2005).

Becker, Ailenne R., *The Lost Worlds Romance* (London: Greenwood Press, 1992).

Berneri, Marie, *Journey Through Utopia* (London: Routledge and Kegan Paul, 1950).

Bestor, Arthur E., *Backwoods Utopias: The Sectarian Origins and Owenite Phase of Communitarian Socialism in America, 1663–1829* (2nd ed., Philadelphia: University of Pennsylvania Press, 1970).

Blaim, Artur, *Early English Utopian Fiction* (Lublin: Marie Curie Skiodowskiej University Press, 1984).

—, *Failed Dynamics: The English Robinsonade of the Eighteenth Century* (Lublin: Marie Curie Skiodowskiej University Press, 1987).

—, *Aesthetic Objects and Blueprints: English Utopias of the Enlightenment*

(Lublin: Marie Curie Skiodowskiej University Press, 1997).

Blewett, David, *The Illustration of Robinson Crusoe* (Gerrards Cross, Colin Smythe, 1995).

Bloch, Ernst, *The Principle of Hope* (3 vols, Oxford: Basil Blackwell, 1986).

Bollerey, Franziska, *Architekturkonzeptionen der utopischen Sozialisten* (Berlin: Ernst & Sohn, 1991).

Booker, M. Keith, *The Dystopian Impulse in Modern Literature* (Westport: Greenwood Press, 1994).

Braunthal, Alfred, *Salvation and the Perfect Society* (Amherst: University of Massachusetts Press, 1979).

Buck-Morss, Susan, *Dreamworld and Catastrophe: The Passing of Mass Utopia in East and West* (Boston: MIT Press, 2002).

Claeys, Gregory, *Citizens and Saints: Politics and Anti-Politics in Early British Socialism* (Cambridge: Cambridge University Press, 1989).

—, ed., *Utopias of the British Enlightenment* (Cambridge: Cambridge University Press, 1994).

—, ed., *Modern British Utopias, 1700–1850* (8 vols, London: Pickering and Chatto, 1997).

—, and Lyman Tower Sargent, eds, *The Utopia Reader* (New York: New York University Press, 1999).

—, ed., *Restoration and Augustan British Utopias* (Syracuse: Syracuse University Press, 2000).

—, Lyman Tower Sargent, and Roland Schaer, eds, *Utopia: The Search for the Ideal Society in the West* (New York: Oxford University Press, 2000).

—, ed., *Late Victorian Utopias* (6 vols, London: Pickering and Chatto, 2008).

—, ed., *The Cambridge Companion to Utopian Literature* (Cambridge: Cambridge University Press, 2010).

—, *Imperial Sceptics: British Critics of Empire, 1850–1920* (Cambridge: Cambridge University Press, 2010).

Clarke, I. F., *The Pattern of Expectation, 1644–2001* (London: Jonathan Cape, 1979).

Clute, John, *Science Fiction: The Illustrated Encylopedia* (London: Dorling Kindersley, 1995).

Cohn, Norman, *The Pursuit of the Millennium* (London: Secker & Warburg, 1947).

Cornea, Christine, *Science Fiction Cinema: Between Fantasy and Reality* (Edinburgh: Edinburgh University Press, 2007).

Davis, J. C., *Utopia and the Ideal Society: A Study of English Utopian Writing 1516–1700* (Cambridge: Cambridge University Press, 1981).

Eaton, Ruth, *Ideal Cities: Utopianism and the (Un)Built Environment* (London: Thames & Hudson, 2002).

Eliav-Feldon, Miriam, *Realistic Utopias: The Imaginary Societies of the Renaissance 1516–1630* (Oxford: Clarendon Press, 1982).

Elliott, Robert, *The Shape of Utopia: Studies in a Literary Genre* (Chicago: University of Chicago Press, 1970).

Erasmus, Charles, *In Search of the Common Good: Utopian Experiments Past and Future* (Glencoe: The Free Press, 1977).

Eurich, Nell, *Science in Utopia* (Cambridge, Mass.: Harvard University Press,

1967).

Evans, Rhiannon, *Utopia Antiqua: Readings of the Golden Age and Decline at Rome* (London: Routledge, 2008).

Fausett, David, *Writing the New World: Imaginary Voyages and Utopias of the Great Southern Land* (Syracuse: Syracuse University Press, 1993).

—, *The Strange and Surprizing Sources of Robinson Crusoe* (Amsterdam: Rodopi, 1994).

Ferguson, John, *Utopias of the Classical World* (London: Thames & Hudson, 1975).

Firchow, Peter Edgerly, *Modern Utopian Fictions from H. G. Wells to Iris Murdoch* (Washington DC: The Catholic University Press of America, 2007).

Fishman, Robert, *Urban Utopias in the Twentieth Century: Ebenezer Howard, Frank Lloyd Wright, and Le Corbusier* (New York: Basic Books, 1977).

Fogarty, Robert S., *American Utopias* (Itasca, F. E. Peacock, 1972).

—, *Dictionary of American Communal and Utopian History* (Westport: Greenwood Press, 1980).

—, *All Things New: American Communes and Utopian Movements, 1860–1914* (Chicago: University of Chicago Press, 1990).

Fortunati, Vita, and Raymond Trousson, *Dictionary of Literary Utopias* (Paris: Honoré Champion, 2000).

Friesen, John W., and Virginia Lyons Friesen, *The Palgrave Companion to North American Utopias* (London: Palgrave-Macmillan, 2004).

Goodman, Percival and Paul, *Communitas: Means of Livelihood and Ways of Life* (Chicago: University of Chicago Press, 1947).

Goodwin, Barbara, *Social Science and Utopia: Nineteenth Century Models of Social Harmony* (Hassocks: Harvester Press, 1978).

—, and Keith Taylor, *The Politics of Utopia* (New York: St Martin's Press, 1983).

Gove, Philip Babcock, *The Imaginary Voyage in Prose Fiction* (New York: Columbia University Press, 1941).

Green, Roger Lancelyn, *Into Other Worlds: Space-Flight in Fiction, from Lucian to Lewis* (London: Abelard-Schuman, 1958).

Guarneri, Carl, *The Utopian Alternative: Fourierism in Nineteenth Century America* (London: Cornell University Press, 1991).

Guthke, Karl S., *The Last Frontier: Imagining Other Worlds, from the Copernican Revolution to Modern Science Fiction* (London: Cornell University Press, 1990).

Hansot, Elizabeth, *Perfection and Progress: Two Modes of Utopian Thought* (Cambridge, Mass.: MIT Press, 1974).

Hayden, Dolores, *Seven American Utopias: The Architecture of Communitarian Socialism, 1790–1975* (Cambridge, Mass.: MIT Press, 1976).

Hertzler, Joyce, *The History of Utopian Thought* (London: Macmillan, 1923).

Hillegas, Mark R., *The Future as Nightmare: H. G. Wells and the Anti-Utopians* (Carbondale: Southern Illinois University Press, 1967).

Hillquit, Morris, *History of Socialism in the United States* (1903) (5th ed., New York: Dover Publications, 1971).

Holloway, Mark, *Heavens on Earth: Utopian Communities in America 1680–1880* (2nd ed., New York: Dover Publications, 1966).

Holstun, James, *A Rational Millennium: Puritan Utopias of Seventeenth-Century England and America* (Oxford: Oxford University Press, 1987).

Jacobs, Jane, *The Life and Death of Great American Cities* (London: Pelican, 1965).

James, Edward, *Science Fiction in the Twentieth Century* (Oxford: Oxford University Press, 1994).

—, and Farah Mendlesohn, eds, *The Cambridge Companion to Science Fiction* (Cambridge: Cambridge University Press, 2003).

Jameson, Frederic, *Archaeologies of the Future: The Desire called Utopia and Other Science Fictions* (London: Verso, 2005).

Jean, Georges, *Voyages en Utopie* (Paris: Gallimard, 1994).

Johns, Alessa, *Women's Utopias of the Eighteenth Century* (Urbana: University of Illinois Press, 2003).

Kagan, Paul, *New World Utopias: A Photographic History of the Search for Community* (London: Penguin, 1975).

Kamenka, Eugene, ed., *Utopias* (Oxford: Oxford University Press, 1987).

Kateb, George, *Utopia and its Enemies* (Glencoe: Free Press, 1963).

Kenyon, Timothy, *Utopian Communism and Political Thought in Early Modern England* (London: Pinter Publishers, 1989).

Kumar, Krishan, *Utopia and Anti-Utopia in Modern Times* (Oxford: Basil Blackwell, 1987).

—, *Utopianism* (Buckingham: Open University Press, 1991).

—, and Stephen Bann, eds, *Utopias and the Millennium* (London: Reaktion Books, 1993).

Lasky, Melvin, *Utopia and Revolution* (Chicago: University of Chicago Press, 1976).

Leslie, Marina, *Renaissance Utopias and the Problem of History* (London: Cornell University Press, 1998).

Levin, Harry, *The Myth of the Golden Age in the Renaissance* (Oxford: Oxford University Press, 1969).

Levitas, Ruth, *The Concept of Utopia* (Syracuse: Syracuse University Press, 1990).

Loxley, Diana, *Problematic Shores: The Literature of Islands* (London: Macmillan, 1990).

Manguel, Alberto, and Gianni Guadalupi, *The Dictionary of Imaginary Places* (New York: Harcourt, Brace, Jovanovich, 1987).

Mannheim, Karl, *Ideology and Utopia: An Introduction to the Sociology of Knowledge* (New York: Harcourt, Brace & Co., 1936).

Manuel, Frank, *The Prophets of Paris* (New York: Harper & Row, 1965).

—, ed., *Utopias and Utopian Thought* (Boston: Beacon Press, 1965).

—, and Fritzie P. Manuel, eds, *French Utopias: An Anthology of Ideal Societies* (New York: Schocken Books, 1971).

—, and Fritzie P. Manuel, *Utopian Thought in the Western World* (Cambridge, Mass.: Belknap Press, 1979).

Margolis, Jonathan, *A Brief History of Tomorrow* (London: Bloomsbury, 2000).

Markus, Thomas A., *Visions of Perfection: Architecture and Utopian Thought* (Glasgow: Third Eye Centre, 1985).

McCord, William, *Voyages to Utopia* (New York: W. W. Norton, 1989).

McDannell, Colleen, and Bernhard Lang, *Heaven: A History* (New York: Vintage, 1988).

McKnight, Stephen A., *Science, Pseudo- Science, and Utopianism in Early Modern Thought* (Columbia: University of Missouri Press, 1992).

Meacham, Standish, *Regaining Paradise: Englishness and the Early Garden City Movement* (New Haven: Yale University Press, 1999).

Miller, Timothy, *The 60s Communes: Hippies and Beyond* (Syracuse: Syracuse University Press, 1999).

Morton, A. L., *The English Utopia* (London: Lawrence and Wishart, 1952).

Moylan, Tom, *Demand the Impossible: Science Fiction and the Utopian Imagination* (London: Methuen, 1986).

—, *Scraps of the Untainted Sky: Science Fiction, Utopia, Dystopia* (Boulder: Westview Press, 2000).

Mumford, Lewis, *The Story of Utopias* (New York: Viking Press, 1950).

Nicolson, Marjorie, *Voyages to the Moon* (London: Macmillan, 1948).

Nordhoff, Charles, *The Communistic Societies of the United States* (1875; new ed., New York: Dover Publications, 1966).

Noyes, John Humphrey, *History of American Socialisms* (1870; new ed., New York: Dover Publications, 1966).

Oved, Yaacov, *Two Hundred Years of American Communes* (New Brunswick, N. J.: Transaction Books, 1988).

Parrinder, Patrick, *Shadows of the Future: H. G. Wells, Science Fiction and Prophecy* (Syracuse: Syracuse University Press, 1995).

Parrington, Vernon, *American Dreams: A Study of American Utopias* (New

York: Russell & Russell, 1964).

Passmore, John, *The Perfectibility of Man* (London: Duckworth, 1970).

Pfaelzer, Jean, *The Utopian Novel in America 1886-1896* (Pittsburgh: University of Pittsburgh Press, 1984).

Pinder, David, *Visions of the City: Utopianism, Power and Politics in Twentieth-Century Urbanism* (Edinburgh: Edinburgh University Press, 2005).

Pohl, Nicole and Brenda Tooley, eds, *Gender and Utopia in the Eighteenth Century* (London: Ashgate, 2007).

Polak, Fred, *The Image of the Future* (2 vols, New York: Oceana, 1961).

Pordzik, Ralph, *The Quest for Postcolonial Utopia: A Comparative Introduction to the Utopian Novel in the New English Literatures* (Oxford: Peter Lang, 2001).

Rees, Christine, *Utopian Imagination and Eighteenth-Century Fiction* (London: Longman, 1996).

Rennie, Neil, *Far-Fetched Facts: The Literature of Travel and the Idea of the South Seas* (Oxford: Clarendon Press, 1995).

Roberts, Adam, *Science Fiction* (London: Routledge, 2000).

Roemer, Kenneth, *The Obsolete Necessity: America in Utopian Writing, 1888- 1900* (Kent, Ohio: Kent State University Press, 1976).

Rosenau, Helen, *The Ideal City: Its Architectural Evolution* (New York: Harper & Row, 1972).

Rottensteiner, Franz, *The Science Fiction Book: An Illustrated History* (London: Thames & Hudson, 1975).

Sargent, Lyman Tower, *British and American Utopian Literature, 1516-1975*

(New York: Garland, 1988).

Sargisson, Lucy, Contemporary Feminist Utopianism (London: Routledge, 1996).

Seed, David, ed., *A Companion to Science Fiction* (Oxford: Blackwell, 2005).

Seligman, Adam B., ed., *Order and Transcendence: The Role of Utopias and the Dynamics of Civilization* (Leiden: E. J. Brill, 1989).

Shklar, Judith, *After Utopia: The Decline of Political Faith* (Princeton: Princeton University Press, 1957).

Snodgrass, Mary Ellen, *Encyclopedia of Utopian Literature* (Oxford: ABC-Clio, 1995).

Sobchak, Vivian, *Screening Space: The American Science Fiction Film* (2nd ed., New York: Ungar, 1987).

Sutton, Robert P., *Communal Utopias and the American Experience: Secular Communities, 1824−2000* (Westport: Praeger, 2004).

Tafuri, Manfredo, *Architecture and Utopia: Design and Capitalist Development* (Cambridge, Mass.: MIT Press, 1979).

Taylor, Keith, *The Political Ideas of the Utopian Socialists* (London: Frank Cass, 1982).

Thrupp, Silvia, *Millennial Dreams in Action: Studies in Revolutionary Religious Movements* (New York: Schocken Books, 1970).

Tinker, Chauncey, *Nature's Simple Plan: A Phase of Radical Thought in the Eighteenth Century* (Princeton: Princeton University Press, 1922).

Trahair, Richard C. S., *Utopias and Utopians: An Historical Dictionary* (London: Fitzroy Dearborn, 1999).

Tuveson, Ernest, *Millennium and Utopia: A Study in the Background of the*

Idea of Progress (Berkeley: University of California Press, 1949).

Venturi, Franco, *Utopia and Reform in the Enlightenment* (Cambridge: Cambridge University Press, 1971).

Wagar, W. Warren, *Terminal Visions: The Literature of Last Things* (Bloomington: Indiana University Press, 1982).

Walsh, Chad, *From Utopia to Nightmare* (London: Geoffrey Bles, 1962).

Wegener, Phillip E., *Imaginary Communities: Utopia, the Nation, and the Spatial Histories of Modernity* (Berkeley: University of California Press, 2002).

Williams, Keith, *H. G. Wells, Modernity and the Movies* (Liverpool: Liverpool University Press, 2007).

· 图片来源

图1　Alamy/艺术档案

图2　普拉多博物馆,马德里

图3　akg-images/埃里希·莱辛

图4　卢浮宫,巴黎

图5　Alamy/艺术档案

图6　艺术档案/吉美博物馆,巴黎

图7　大英图书馆,伦敦

图8　锡耶纳市政厅,锡耶纳

图9　Photo Scala/圣吉米尼亚诺民族博物馆,圣吉米尼亚诺

图10　来自弗朗茨·霍根伯格作品《世界城市图》,阿姆斯特丹(1572年)

图11　Alamy/世界历史档案

图12　akg-images

图13　美国国会图书馆,华盛顿哥伦比亚特区

图14　布里奇曼艺术图书馆/大英博物馆,伦敦

图15　凡尔赛宫

图16　来自威廉·霍奇森《理性联邦》

图17	Corbis
图18	Alamy/"玛丽·埃文斯图片图书馆"
图19	美国国会图书馆,华盛顿哥伦比亚特区
图20	Corbis/赖科夫收藏
图21	Corbis/贝特曼档案馆
图22	图片卡博物馆,摩德纳
图23	Panos Pictures/G.M.B.阿喀许

· 人名对照表

Ablancourt, Nicolas Perrot d' 尼古拉斯·佩罗·德·阿伯兰库

Acworth, Andrew 安德鲁·阿克沃斯

Adam and Eve 亚当与夏娃

Adams, Richard 理查德·亚当斯

Adorno, Theodor W. 西奥多·W.阿多诺

al-Farabi, Abu Nasr 阿布·纳斯尔·阿尔法拉比

Allais, Denis Vairaisse d' 德尼·维拉斯·达莱

Allen, Grant 格兰特·艾伦

Anderson, Sherwood 舍伍德·安德森

Andreae, Johann Valentin 约翰·凡勒丁·安德里亚

Andrews, Stephen Pearl 斯蒂芬·珀尔·安德鲁

Anglerius, Peter Martyr 彼得·马蒂尔·安格里乌斯

Aristophanes 阿里斯托芬

Aristotle 亚里士多德

Arthur, King 亚瑟王

Artus, Thomas 托马斯·阿图斯

Asimov, Isaac 艾萨克·阿西莫夫

Atwood, Margaret 玛格丽特·阿特伍德

Augustus 奥古斯都

Babeuf, François-Noë 弗朗索瓦-诺埃尔·巴贝夫

Bacon, Francis 弗朗西斯·培根

Bakunin, Michael　米哈伊尔·巴枯宁

Ball, John　约翰·鲍尔

Balmer, Edwin　埃德温·巴尔默

Barnes, Joshua　约书亚·巴恩斯

Barrie, J. M.　J. M. 巴利

Baum, L. Frank　L. 弗兰克·鲍姆

Baxter, Stephen　斯蒂芬·巴克斯特

Behn, Aphra　阿芙拉·贝恩

Bellamy, Edward　爱德华·贝拉米

Bellers, John　约翰·贝勒斯

Bentham, Jeremy　杰里米·边沁

Bergerac, Cyrano de　西拉诺·德·贝杰拉克

Berington, Simon　西蒙·贝灵顿

Besant, Walter　沃尔特·贝桑特

Bligh, Captain William　威廉·布莱船长

Bloch, Ernst　恩斯特·布洛赫

Bodin, Jean　让·博丹

Bogdanov, Alexander　亚历山大·波格丹诺夫

Booth, 'General' William　威廉·布斯将军

Borsodi, Ralph　拉尔夫·博尔索迪

Bosch, Hieronymus　耶罗尼米斯·博斯

Bradbury, Ray　雷·布雷德伯里

Bray, John Francis　约翰·弗朗西斯·布雷

Bretonne, Nicolas Restif de la　尼古拉·雷蒂夫·德·拉布勒托纳

Brisbane, Albert　阿尔伯特·布里斯班

Bry, Theodore de　特奥多雷·德·布里

Buckingham, James Silk　詹姆斯·西尔克·白金汉

Bulwer-Lytton, Edward　爱德华·布尔沃·利顿

Bunyan, John　约翰·班扬

Buonarroti, Philippe　菲利普·邦纳罗蒂

Burdekin, Katherine　凯瑟琳·布尔德金

Burgess, Anthony　安东尼·伯吉斯

Burgh, James　詹姆斯·伯格

Burke, Edmund　埃德蒙·伯克

Burroughs, Edgar Rice 埃德加·赖斯·巴勒斯
Burton, Robert 罗伯特·伯顿
Butler, Samuel 塞缪尔·巴特勒
Cabet, Etienne 艾蒂安·卡贝
Cadbury, George 乔治·吉百利
Callenbach, Ernest 欧内斯特·卡伦巴赫
Campanella, Tommaso 托马索·康帕内拉
Capra, Frank 弗兰克·卡普拉
Carlyle, Thomas 托马斯·卡莱尔
Carroll, Lewis 刘易斯·卡罗尔
Casas, Bartolomeo de Las 巴托洛梅奥·德·拉斯卡萨斯
Catullus 卡图卢斯
Cavendish, Margaret 玛格丽特·卡文迪什
Césaire, Aimé 艾梅·塞泽尔
Chamberlen, Peter 彼得·钱伯伦
Charles I, King 查理一世
Chesney, George Tomkyns 乔治·汤姆金斯·切斯尼
Christ, Jesus 耶稣基督

Clarke, Arthur C. 亚瑟·C.克拉克
Cohn, Norman 诺曼·科恩
Cole, Robert William 罗伯特·威廉·科尔
Coleridge, Samuel Taylor 塞缪尔·泰勒·柯尔律治
Columbus, Christopher 克里斯托弗·哥伦布
Comenius, Johann Amos 扬·阿姆斯·夸美纽斯
Comte, Auguste 奥古斯特·孔德
Condorcanqui, José Gabriel 何塞·加夫列尔·孔多尔坎基
Condorcet, Nicolas de Caritat, Marquis de 尼古拉·德·卡里塔孔多塞侯爵
Confucius 孔子
Cook, Captain James 詹姆斯·库克船长
Cortés, Hernán 埃尔南·科尔特斯
Cotton, John 约翰·科顿
Cromwell, Oliver 奥利弗·克伦威尔
Dampier, William 威廉·坦普尔

Dante Alighieri　但丁

Danton, Georges Jacques　乔治·雅克·丹东

Darwin, Charles　查尔斯·达尔文

Davis, Ellis James　埃利斯·詹姆斯·戴维斯

Davis, J. C.　J. C.戴维斯

Defoe, Daniel　丹尼尔·笛福

Diderot, Denis　德尼·狄德罗

Dionysius　狄奥尼修斯

Disraeli, Benjamin　本杰明·迪斯雷利

Doni, Anton Francesco　安东·弗朗切斯科·多尼

Donnelly, Ignatius　伊格内修斯·唐纳利

Doyle, Sir Arthur Conan　阿瑟·柯南·道尔爵士

Dubourdieu, James　詹姆斯·迪布迪厄

Eliot, John　约翰·艾略特

Elizabeth I, Queen　伊丽莎白一世

Ellis, G. A.　G. A.埃里斯

Emerson, Ralph Waldo　拉尔夫·沃尔多·爱默生

Enfantin, Barthélemy Prosper　巴特雷米·普罗斯珀·恩凡坦

Engels, Friedrich　弗里德里希·恩格斯

Erasmus Desiderius　伊拉斯谟

Evans, Thomas　托马斯·伊文思

Fairchild, Charles　查尔斯·费尔柴尔德

Fanon, Frantz　弗朗茨·法农

Fénelon, François　弗朗索瓦·费奈隆

Feuerbach, Ludwig　路德维希·费尔巴哈

Filarete (Antonio Averlino)　菲拉雷特（安东尼奥·阿韦利诺）

Foigny, Gabriel de　加布里埃尔·德·福尼

Follingsby, Kenneth　肯尼斯·福林斯比

Fontenelle, Bernard　伯纳德·丰特奈尔

Foster, Peter　彼得·福斯特

Fourier, Charles　查尔斯·傅立叶

Fox, George　乔治·福克斯

Franck, Pauwels　保罗·费亚明戈

Fuller, R. Buckminster　R. 巴克敏斯特·富勒

Galton, Francis　弗朗西斯·高尔顿

Gandhi, Mohandas　莫罕达斯·甘地

Garnier, Tony　托尼·加尼耶

Gauguin, Paul　保罗·高更

Gautama, Siddhartha　释迦牟尼

Geddes, Patrick　帕特里克·盖迪斯

George, Henry　亨利·乔治

George III, King　乔治三世

Gernsback, Hugo　雨果·根斯巴克

Gibbon, Edward　爱德华·吉本

Gibson, William　威廉·吉布森

Gilgamesh　吉尔伽美什

Gilman, Charlotte Perkins　夏洛特·珀金斯·吉尔曼

Godin, Jean-Baptiste André　让－巴蒂斯特·安德烈·戈丹

Godwin, William　威廉·葛德文

Golding, William　威廉·戈尔丁

Goldman, Emma　埃玛·戈德曼

Gott, Samuel　塞缪尔·戈特

Gratacap, Louis Pope　路易斯·波普·格拉塔卡普

Grotius, Hugo　雨果·格劳秀斯

Guevara, Che　切·格瓦拉

Günzburg, Johann Eberlein von　约翰·埃伯莱因·冯·金茨堡

Haggard, H. Rider　H. 赖德·哈格德

Hakluyt, Richard　理查德·哈克卢特

Hamilton, Mary　玛丽·汉密尔顿

Harrington, James　詹姆斯·哈林顿

Harris, Thomas Lake　托马斯·雷克·哈里斯

Hartlib, Samuel　塞缪尔·哈特利布

Haussmann, Baron Georges-Eugène　乔治－欧仁·奥斯曼男爵

Hawthorne, Nathaniel　纳撒尼尔·霍桑

Hay, William　威廉·海

Haywood, Eliza　伊丽莎·海伍德

Hegel, Georg Wilhelm Friedrich　乔治·威廉·弗里德里希·黑格尔

Heinlein, Robert　罗伯特·海因莱因

Henham, Ernest George　欧内斯特·乔治·亨汉姆

Herbert, William　威廉·赫伯特

Herder, Johann Gottfried　约翰·哥特弗雷德·赫尔德

Herzka, Theodor　西奥多·赫兹卡

Herzl, Theodor　西奥多·赫茨尔

Hesiod　赫西奥德

Hexter, J. H.　J. H. 赫克斯特

Heywood, Benjamin　本杰明·海伍德

Hitler, Adolf　阿道夫·希特勒

Ho Chi Minh　胡志明

Hobbes, Thomas　托马斯·霍布斯

Hodgson, William　威廉·霍奇森

Holbach, Baron Paul Henri Dietrich d'　保尔·亨利希·迪特里希霍尔巴赫男爵

Holberg, Baron Ludwig von　路德维希·冯·霍尔伯格男爵

Homer　荷马

Horace　贺拉斯

Howard, Ebenezer　埃比尼泽·霍华德

Howells, William Dean　威廉·迪恩·豪威尔斯

Hubbard, L. Ron　L. 罗恩·哈伯德

Hume, David　大卫·休谟

Huxley, Aldous　阿道司·赫胥黎

Huxley, Thomas Henry　托马斯·亨利·赫胥黎

Hyndman, H. M.　H. M. 海德门

Ibn Sina (Avicenna)　伊本·西那（阿维森纳）

Irenaeus　爱任纽

Jacobs, Jane　简·雅各布斯

Jehovah's Witnesses　耶和华见证人

Jesuits　耶稣会士

Johnson, Samuel　塞缪尔·约翰逊

Jones, Jim　吉姆·琼斯

Josephus　约瑟夫斯

Kang Youwei　康有为

Kant, Immanuel　伊曼努尔·康德

Kautilya 考底利耶

Kautsky, Karl 卡尔·考茨基

Khomeini, Ayatollah 阿亚图拉·霍梅尼

King, Martin Luther 马丁·路德·金

Kirkby, John 约翰·柯比

Koresh, David 大卫·考雷什

Kropotkin, Peter 彼得·克鲁泡特金

Kubrick, Stanley 斯坦利·库布里克

Labadie, Jean de 让·德·拉巴迪

Laden, Osama bin 奥萨马·本·拉登

Lane, Mary H. 玛丽·H.莱恩

Lang, Fritz 弗里茨·朗

Laozi 老子

Lawrence, James 詹姆斯·劳伦斯

Le Corbusier (Charles-Edouard Jeanneret) 勒·柯布西耶（查尔斯－爱德华·让纳雷）

Le Guin, Ursula 厄休拉·勒古恩

Le Queux, William 威廉·勒奎克斯

Leary, Timothy 蒂莫西·利里

Ledoux, Claude-Nicolas 克劳德－尼古拉斯·勒杜

Lee, Ann 安·李

Lee, Francis 弗朗西斯·李

Lem, Stanislaw 斯坦尼斯拉夫·莱姆

Leopold II, King 利奥波德二世

Leroux, Pierre 皮埃尔·勒鲁

Lessing, Doris 多丽丝·莱辛

Letchworth 莱奇沃思

Li Ruzhen 李汝珍

Lithgow, John 约翰·利斯戈

Locke, John 约翰·洛克

London, Jack 杰克·伦敦

Lorenzetti, Ambrogio 安布罗乔·洛伦泽蒂

Lucas, George 乔治·卢卡斯

Lucian 琉善

Lucretius 卢克莱修

Lycurgus 吕库古

Malory, Sir Thomas 托马斯·马洛礼爵士

Malthus, Thomas Robert 托马斯·罗伯特·马尔萨斯

人名对照表　315

Mandeville, Sir John 约翰·曼德维尔爵士

Manley, Delarivier 德拉里维尔·曼丽

Marx, Karl 卡尔·马克思

McDermot, Murtagh 莫塔·麦克德默

Méliès, Georges 乔治·梅里爱

Melnikov, Konstantin 康斯坦丁·梅尔尼科夫

Melville, Herman 赫尔曼·梅尔维尔

Mencius 孟子

Mendieta, Geronimo de 杰罗尼莫·德·门迭塔

Mercier, Louis-Sébastien 路易-塞巴斯蒂安·梅西耶

Meyer, Hannes 汉内斯·梅耶

Mihous, Katherine 凯瑟琳·米尔豪斯

Mill, John Stuart 约翰·斯图尔特·密尔

Milton, John 约翰·弥尔顿

Montaigne, Michel de 米歇尔·德·蒙田

Montgolfier, Joseph Michel and Jacques Etienne 蒙特哥菲尔兄弟

Montpensier, Anne-Marie d'Orléans, Duchess of 蒙庞西耶公爵夫人

More, Thomas 托马斯·莫尔

Morelly, Gabriel-Etienne 加布里埃尔-艾蒂安·摩莱里

Morgan, John Minter 约翰·明特·摩根

Morgan, Lewis Henry 刘易斯·亨利·摩尔根

Morris, William 威廉·莫里斯

Mouhy, Charles de Fieux 查尔斯·德·菲厄·穆伊

Moyle, John 约翰·莫伊尔

Mozi 墨子

Mumford, Lewis 刘易斯·芒福德

Münzer, Thomas 托马斯·闵采尔

Murphy, G. Read G. 里德·墨菲

Mussolini, Benito 贝尼托·墨索里尼

Napoleon Bonaparte 拿破仑·波拿巴

Neville, Henry 亨利·内维尔

Niclaes, Henry　亨利·尼克勒斯

Noyes, John Humphrey　约翰·汉弗莱·诺伊斯

Nozick, Robert　罗伯特·诺齐克

Nyerere, Julius　朱利叶斯·尼雷尔

O'Connor, Feargus　费格斯·奥康纳

O'Grady, Standish James　斯坦迪什·詹姆斯·奥格雷迪

Okri, Ben　本·奥克瑞

Omai　欧迈

O'Neill, Joseph　约瑟夫·奥尼尔

Orwell, George　乔治·奥威尔

Ovid　奥维德

Owen, Robert　罗伯特·欧文

Paine, Thomas　托马斯·潘恩

Patlock, Robert　罗伯特·帕尔托克

Pemberton, Robert　罗伯特·彭伯顿

Penn, William　威廉·佩恩

Petzler, John　约翰·佩茨勒

Piercy, Marge　玛吉·皮尔西

Pindar　品达

Pinelo, Antonio de León　安东尼奥·德·莱昂·皮内诺

Pizarro, Pedro　佩德罗·皮萨罗

Plato　柏拉图

Plattes, Gabriel　加布里埃尔·普拉茨

Plockhoy, Pieter Cornelius　彼得·科尼利厄斯·普洛克霍伊

Plutarch　普鲁塔克

Pocock, J. G. A.　J. G. A. 波考克

Pol Pot　波尔布特

Polo, Marco　马可·波罗

Ponce de León, Juan　胡安·庞塞·德·莱昂

Popper, Karl　卡尔·波普尔

Prescott, William　威廉·普雷斯科特

Prester, John　祭司王约翰

Proudhon, Pierre-Joseph　皮埃尔-约瑟夫·蒲鲁东

Psalmanazar, George　乔治·普萨尔马纳扎

Pufendorf, Samuel　塞缪尔·普芬道夫

Pythagoreans　毕达哥拉斯

Quiroga, Vasco de　瓦斯科·德·基罗加

Rabelais, François　弗朗索瓦·拉伯雷

Rand, Ayn　安·兰德

Rapp, George　乔治·拉普

Raynal, Guillaume-Thomas-François　纪尧姆-托马-佛朗索瓦·雷纳尔

Richardson, Benjamin Ward　本杰明·沃德·理查森

Richter, Eugen　尤金·里希特

Robespierre, Maximilien François Marie Isidore de　马克西米连·佛朗索瓦·马里·伊西多·德·罗伯斯庇尔

Robida, Albert　阿尔贝·罗比达

Robin Hood　罗宾汉

Robinson, Kim Stanley　金·斯坦利·罗宾逊

Rousseau, Jean-Jacques　让-雅克·卢梭

Rowling, J. K.　J. K. 罗琳

Ruskin, John　约翰·罗斯金

Russen, David　戴维·鲁森

Saint-Jory, Louis Rustaing de　路易·鲁斯坦·德·圣-乔里

Saint-Just, Louis de　路易·德·圣茹斯特

Saint-Simon, Henri de　亨利·德·圣西门

Salt, Titus　泰特斯·索尔特

Sannazzaro, Iacopo　雅科波·桑纳扎罗

Saunders, W. J.　W. J. 桑德斯

Say, Jean-Baptiste　让-巴蒂斯特·萨伊

Schnabel, J. G.　J. G. 施纳贝尔

Schooten, Henry　亨利·舒滕

Scott, Ridle　雷德利·斯科特

Scott, Sarah　莎拉·斯科特

Selkirk, Alexander　亚历山大·赛尔柯克

Seneca　塞涅卡

Senghor, Léopold　利奥波德·桑戈尔

Sennett, Richard　理查德·桑内特

Shakespeare, William　莎士比亚

Shelley, Mary Wollstonecraft　玛丽·沃尔斯通克拉福特·雪莱

Shelley, Percy Bysshe　珀西·雪莱

Shklar, Judith　朱迪思·施克拉

Sidney, Sir Philip　菲利普·西德尼爵士

Skinner, B. F.　B. F. 斯金纳

Smeeks, Hendrik　亨德里克·斯米克斯

Smith, Adam　亚当·斯密

Smith, Joseph　约瑟夫·史密斯

Socrates　苏格拉底

Soleri, Paolo　保罗·索莱里

Solon　梭伦

Solzhenitsyn, Alexander　亚历山大·索尔仁尼琴

Southey, Robert　罗伯特·骚塞

Speer, Albert　阿尔伯特·施佩尔

Spence, Thomas　托马斯·斯宾塞

Spielberg, Steven　史蒂文·斯皮尔伯格

Spooner, Lysander　莱桑德·斯普纳

Stapledon, Olaf　奥拉夫·斯特普尔顿

Stevenson, Robert Louis　罗伯特·路易斯·史蒂文森

Stirner, Max　马克斯·施蒂纳

Stoker, Bram　布拉姆·斯托克

Swedenborg, Emanuel　伊曼纽尔·斯韦登堡

Swift, Jonathan　乔纳森·斯威夫特

Sydney, Algernon　阿尔杰农·西德尼

Tacitus　塔西陀

Taddeo di Bartolo　塔迪奥·狄·巴特罗

Tao Yuanming　陶渊明

Tasman, Abel　阿贝尔·塔斯曼

Tennyson, Alfred, Lord　阿尔弗雷德·丁尼生勋爵

Theocritus　特奥克里托斯

Thomas, Chauncey　查恩西·托马斯

Thomson, William　威廉·汤姆森

Thoreau, Henry David　亨利·大卫·梭罗

Toland, John　约翰·托兰

Tolkien, J. R. R.　J. R. R. 托尔金

Tolstoy, Leo　列夫·托尔斯泰

Tönnies, Ferdinand　斐迪南·滕尼斯

Trismegistus, Hermes　赫尔墨斯·特利斯墨吉斯忒斯

Trotsky, Leon　托洛茨基

Tucker, Wilson　威尔逊·塔克

Turgot, Anne-Robert-Jacques　安-罗伯特-雅克·杜尔哥

Twain, Mark　马克·吐温

Valckenborgh, Lucas van　卢卡斯·凡·瓦尔肖伯奇

Vega, Garcilaso de la　加尔西拉索·德·拉·维加

Verne, Jules　儒勒·凡尔纳

Virgil　维吉尔

Voltaire (François Marie Arouet)　伏尔泰

Wang Anshi　王安石

Wang Wei　王维

Warren, Josiah　约书亚·沃伦

Wells, H. G.　H. G. 威尔斯

Whitwell, Stedman　斯特德曼·惠特韦尔

Wilkins, John　约翰·威尔金斯

Winstanley, Gerrard　杰拉德·温斯坦利

Wollstonecraft, Mary　玛丽·沃斯通克拉夫特

Wordsworth, William　威廉·华兹华斯

Wright, Frank Lloyd　弗兰克·劳埃德·赖特

Wright, Henry　亨利·莱特

Wright, Orville and Wilbur　莱特兄弟

Wycliffe, John　约翰·威克利夫

Wylie, Philip　菲利普·怀利

Wyss, Johann David　约翰·大卫·怀斯

Xunzi　荀子

Young, Brigham　杨百翰

Zamyatin, Yevgeny　叶夫根尼·扎米亚京

Zecca, Ferdinand　费迪南·齐卡

Zhang Longxi　张隆溪

图书在版编目（CIP）数据

乌托邦的观念史/（英）格雷戈里·克雷斯著；张绪强译.—北京：商务印书馆，2023（2024.7重印）
（交界译丛）
ISBN 978－7－100－22451－2

Ⅰ.①乌⋯　Ⅱ.①格⋯②张⋯　Ⅲ.①乌托邦—研究　Ⅳ.①D091.6

中国国家版本馆CIP数据核字（2023）第079728号

权利保留，侵权必究。

乌托邦的观念史

〔英〕格雷戈里·克雷斯　著
张绪强　译

商　务　印　书　馆　出　版
（北京王府井大街36号　邮政编码100710）
商　务　印　书　馆　发　行
山西人民印刷有限责任公司印刷
ISBN　978－7－100－22451－2

2023年9月第1版	开本 787×1092　1/32
2024年7月第2次印刷	印张 10¾　插页 10

定价：75.00元